Bernhard Schneider · Hubert Wachendorf · Markus Nicolay

DER HL. ROCK IM DOM ZU TRIER

UND AUF DEM WEG ZU JAKOBUS UND MATTHIAS

Verlag Michael Weyand

Impressum

© Verlag Michael Weyand GmbH, Trier
www.weyand.de
Druck: Repa, Saarbrücken
Bindung: Buchbinderei Schwind, Trier
Gestaltung: Jennifer Neukirch
Fotos:
Amt für kirchliche Denkmalpflege der Diözese Trier 21, 22
Museum am Dom Trier 30, 79, 114 117
Bischöfliches Generalvikariat 75, 83
Greichgauer, Hildegard 88, 94, Umschlag
Stadtmuseum Simeonstift 25
Stadtmuseum Simeonstift, Bernhard Matthias Lutz, Konz 52
Tietzen, Josef 7, 17, 18, 20, 29, 74, 76, 80, 85, 86, 90, 99,
100, 105, 106/107, 109, 110, 112, Umschlag
Verlag Weyand 9, 14, 27, 36, 45, 48, 51, 59, 66, 71

Ein besonderer Dank gilt Dr. Hans-Joachim Kann für die Bereit-
stellung zahlreicher Heilig-Rock-Devotionalien.

2. Auflage Februar 2012

ISBN: 978-3-935 281-67-6

INHALT

Heilig-Rock-Kapelle an der Ostseite des Doms

Prof. Dr. Bernhard Schneider

SINNBILD DES ANFANGS UND DER VOLLENDUNG –
Kurze Geschichte des Heiligen Rocks und seiner Verehrung in Trier

Der so genannte Heilige Rock, den man in Trier nunmehr seit rund 500 Jahren öffentlich verehrt, ist ein geschichtliches Sinnbild. Er versinnbildlicht den Anfang des christlichen Glaubens in der Person Jesu Christi und seines Wirkens zum Heil der Menschen bis hinein in das tödliche Leiden am Kreuz. Er versinnbildlicht aber auch die Vollendung, auf welche die Christenheit weltweit über alle Konfessionsgrenzen hinaus hofft und wartet: Jesus Christus, den wiederkommenden Herrn. Damit verweist er immer auf dieselbe Gestalt, den Mensch gewordenen Sohn Gottes, dem wir alles verdanken. Jenseits aller Diskussionen und Spekulationen über die „Echtheit" des im Trierer Dom aufbewahrten Tuchs bleibt dies die dauerhafte Botschaft, die vom Heiligen Rock ausgeht und die im Motto der letzten Heilig-Rock-Wallfahrt von 1996 treffend auf die knappe Formel gebracht wurde: „Mit Jesus Christus auf dem Weg". An diese doppelte Sinnbildlichkeit schließt sich eine weitere Ebene an: der Heilige Rock als Sinnbild für die Einheit der Kirche und deren Gefährdung von Anbeginn der Kirche an.

Die folgenden Seiten stellen die wichtigsten Aspekte der Geschichte der Verehrung des Heiligen Rocks und der Wallfahrten zur Trierer Heilig-Rock-Reliquie in einem kurzen Überblick auf der Basis des gegenwärtigen Forschungsstandes vor.* Diese Zeilen sind von einem Kirchenhistoriker geschrieben, den mit vielen Kollegen und Kolleginnen weniger die – ohnehin nicht zu beantwortende – Frage bewegt, was „die historische Wahrheit" ist, sondern was die Menschen zu verschiedenen Zeiten für wahr gehalten haben. So beabsichtigen diese Ausführungen also weder einen apologetischen Nachweis für die „Echtheit" der in Trier verehrten Herrenreliquie zu führen noch deren so genannte kritische Bestreitung. Es geht in diesem Sinn nicht um den Heiligen Rock, sondern um die Geschichte seiner Verehrung.

---

* Mit größtem Respekt und mit gebührender Dankbarkeit sei an dieser Stelle auf einige Werke hingewiesen, ohne die der Verfasser diesen Überblick nicht hätte schreiben können: Erich Aretz u.a. (Hrsg.), Der Heilige Rock zu Trier. Studien zur Geschichte und Verehrung der Tunika Christi, Trier 1995 (²1996); Zwischen Andacht und Andenken, Trier 1992. Für die Anfänge von 1512 waren unentbehrlich: Wolfgang Schmid/Michael Embach (Hrsg.), Die Medulla Gestorum Treverensium des Johann Enen, Trier 2004; Wolfgang Seibrich, Die Trierer Heiltumsfahrt, in: Archiv f. mrh KG (1995). Für die Antike und die Zeit des 19. und 20. Jhs. sei verwiesen auf die drei Bände der Geschichte des Bistums Trier (Trier 2000, 2003, 2004), die teils eigene Beiträge zur Verehrung des Heiligen Rockes enthalten. Für 1996 vgl. Eugen Reiter/Bruno Sonnen, Menschen auf dem Weg mit Jesus Christus, Trier 1996. Aus der älteren Literatur seien für den interessierten Leser noch genannt: Stephan Beissel, Geschichte der Trierer Kirchen, ihrer Reliquien und Kunstschätze II. Theil: Geschichte des heiligen Rocks, Trier ²1889; Karl Kammer, Der Heilige Rock in Trier. Geschichte und religiöse Bedeutung des Heiligen Gewandes Christi, Trier 1933. Einen Nachweis der bis 1990 erschienenen Literatur bietet Helmut Krämer (Bearb.), Tunica Domini. Eine Literaturdokumentation zur Geschichte der Heilig-Rock-Verehrung, Trier 1991.

DER GEGENSTAND –
DER SO GENANNTE HEILIGE ROCK
ZU TRIER

Der konkrete Gegenstand, der gut konserviert unter einem klimatisierten Glasdach in einem Schrein in der so genannten Heilig-Rock-Kapelle des Trierer Doms aufbewahrt wird, besteht aus einem Stück Tuch von 1,47 m Länge auf der Vorder- und 1,57 m Länge auf der Rückseite und einer Breite von 1,09 m (Rückseite unten). Es besitzt die Form eines Gewandes undefinierbarer Farbe mit zwei Ärmeln und einem Halsausschnitt, das einer Tunika gleicht, die in der Antike als Oberkleid getragen, im Mittelalter aber in liturgischem Gebrauch war. Das

Der Heilige Rock

Trierer Tuch wird aus mehreren Lagen Stoff gebildet, die zu einem äußerlich nur noch schwer unterscheidbaren Ganzen regelrecht verbacken erscheinen. Die ursprüngliche Reliquie und die sie bergenden Stoffhüllen, die gleichsam ein textiles Reliquiar bilden, sind nahezu eins geworden. In diesem Erscheinungsbild spiegelt sich die Geschichte des als Herrenreliquie verehrten Gewandes wider, zeugen die Stofflagen doch von der Bergung eines ursprünglichen Tuchs in verschiedenen (kostbaren) Hüllen ebenso wie von immer wieder notwendig gewordenen Konservierungsmaßnahmen. Textilwissenschaftliche Untersuchungen (Mechthild Flury-Lemberg) haben einen wollenen Kern ausmachen können, der als die ursprüngliche Tuchreliquie zu gelten hat, deren Herkunft und Alter aber nicht mehr zu bestimmen sind. Einzelne andere Stofffragmente in diesem „Gesamtpaket" werden in das Frühmittelalter datiert. Folgt man den Überlegungen der textilwissenschaftlichen Untersuchungen, dann spricht einiges für die Annahme, schon die ursprüngliche Tuchreliquie habe nicht aus einer vollständigen Tunika bestanden, vielmehr könnten diese Gewand*teile* rasch nach der ersten großen öffentlichen Ausstellung von 1512 ein Trägergewand erhalten haben, das dann die schon 1513 belegte Zeigung als hängender Heiliger Rock ermöglichte. Pilgerzeichen aus der zweiten Hälfte des 15. Jahrhunderts (als Abdruck auf einer Glocke) zeigen freilich schon eine hängende Tunika, was gegen die vorgestellte Erklärung spricht. Eine solche Darstellungsform legt allerdings bereits der biblische Text nahe, so dass sie nicht zwingend auf einer realen Vorlage basieren muss. Das Erklärungsmodell erscheint so gesehen durch die Pilgerzeichen nicht wirklich entkräftet.

DER AUSGANGSPUNKT:
DER BIBLISCHE TEXT (Joh 19,23f. mit Ps 22,19)

Im Neuen Testament erfährt die Kleidung Jesu meist nur ganz beiläufig und ohne Detailfreude Erwähnung (vgl. etwa *Mk 6,56; Mt 9, 20; Joh 13,4*), so dass langwierige Erwägungen über die Zahl und Art der Kleider Jesu, wie sie uns in der früheren kontroversen Literatur über den Heiligen Rock immer wieder begegnen, sinnlos erscheinen. Orientierungs- und Ausgangspunkt für die Verehrung des Heiligen Rockes bildet die Johannespassion, näherhin jener kurze Abschnitt, in dem es um die Kleider Jesu geht, über die gelost wurde.

„Nachdem die Soldaten Jesus ans Kreuz geschlagen hatten, nahmen sie seine Kleider und machten vier Teile daraus, für jeden der Soldaten einen. Sie nahmen auch sein Untergewand, das von oben her ganz durchgewebt und ohne Naht war. Sie sagten zueinander: Wir wollen es nicht zerteilen, sondern darum losen, wem es gehören soll. So sollte sich das Schriftwort erfüllen: *Sie verteilten meine Kleider unter sich und warfen das Los um mein Gewand [Ps 22,19]*. Dies führten die Soldaten aus."

Die Habseligkeiten eines Hingerichteten an den Henker oder das Exekutionskommando zu verteilen, war ein übliches Geschehen. Die älteren ersten drei Evangelien kennen in ihren Passionsdarstellungen ebenfalls das Motiv der Teilung der Kleider Jesu (*Mk 15,24par*), auch spielen sie schon auf *Psalm 22,19* an, jedoch fehlt hier noch jeder Hinweis auf ein Gewand Jesu, das wegen seiner besonderen Qualität (ohne Naht gewebte Gewänder waren aufwändiger herzustellen) hervorgehoben und näher beschrieben würde. Dieses Element war den ersten Evangelisten offensichtlich unbekannt. Das Kleidungsstück, von dem Johannes speziell spricht, ist durch den Text nicht exakt zu bestimmen. Das im Johannes-Evangelium benutzte griechische Wort „chiton" kann sowohl das direkt auf dem Körper getragene Untergewand bezeichnen, mit dem man sich aber durchaus auch bei entsprechender Witterung in der Öffentlichkeit zeigen konnte, wie auch ein Gewand allgemein. Der in der lateinischen Bibelübersetzung an dieser Stelle gebrauchte Begriff „Tunica" verweist eher auf das antike Obergewand. Die Übersetzung mit „Rock" führt im Deutschen zu Missverständnissen, weil damit ein weibliches Kleidungsstück (Rock) bzw. der früher als Gehrock bezeichnete Mantel eines Mannes assoziiert wird. Von daher bietet es sich an, neutral vom Gewand Jesu zu sprechen.

Die Komposition des Textes lässt erkennen, dass er weniger darauf abzielt, eine konkrete Begebenheit der Leidensgeschichte nachzutragen, die den anderen Evangelisten unbekannt ist, als vielmehr eine doppelte theologische Botschaft zu verkünden. Zunächst will er vor allem nachweisen, all das habe sich in Jesus erfüllt, was im Alten Testament vorhergesagt worden war. Darüber hinaus kann der Text von der Gesamttheologie des Johannesevangeliums und vom unmittelbaren Kontext der Stelle auch mit dem Gedanken der Gemeinschaft der Jüngergemeinde mit Christus verbunden werden. Nur indirekt verweist er vielleicht darüber hinaus auf die Einheit der Jüngergemeinde untereinander. Am Ende bleibt festzuhalten: „Für den Glauben ist allerdings entscheidend, daß das Gewand Jesu nicht als kostbare Reliquie Eigenständigkeit gewinnt, sondern den Blick auf denjenigen eröffnet, der es getragen hat." – *Jost Eckert, in: Der Heilige Rock zu Trier, S. 34*

DAS GEWAND JESU ALS SYMBOL IN DER THEOLOGISCHEN TRADITION

Der Text des Johannesevangeliums über das Gewand Jesu blieb nicht ohne Auswirkungen auf die theologische Tradition. Generation um Generation suchte aus den verschiedensten Kontexten heraus zu einer Deutung der von oben herab ohne Naht durchgewebten Tunika zu gelangen. Die Vielfalt der Deutungen schon in den Schriften der spätantiken Kirchenväter ist bemerkenswert. Eine erste zentrale Deutungslinie ist die Einheit der Kirche, die sich zuerst bei Cyprian von Karthago findet. Die Einheit der Kirche gilt letztlich als unzerreißbar, wofür das Gewand Jesu als Sinnbild steht, das eben nicht zerrissen wurde, wenn es auch vielleicht Risse bekam:

„Dieses Geheimnis der Einheit, dieses Band unzertrennlich verbundener Eintracht wird dargestellt, wenn im Evangelium die Tunika des Herrn Jesus Christus keineswegs zerteilt oder zerrissen wird [...].". – *Cyprian von Karthago, Über die Einheit der Kirche, nach Ekkart Sauser, Der Heilige Rock, S. 40*

Die Kirchenväter der Antike wie die mittelalterlichen Theologen griffen dann immer wieder auf dieses Sinnbild zurück, wenn sie in konkreter Sorge um die kirchliche Einheit waren, weil sie entweder durch Streit um den wahren Glauben, durch kirchenpolitische Auseinandersetzungen oder durch Abspaltungen einzelner Gruppen gefährdet war. Kam es zum faktischen Bruch der Einheit, wurde dies immer wieder mit dem Versuch gleichgesetzt, die Tunika Christi zu zerreißen.

Eine zweite Deutungslinie des unzerrissenen, keine Nähte aufweisenden Gewandes Jesu war Teil jener theologischen Anstrengungen, die verständlich machen wollten, wie die eine Person Jesu Christi zugleich wahrer Gott und wahrer Mensch sein könne. Die Tunika symbolisiert dann diese besondere Ein-

Andenkenbild an die Heilig-Rock-Wallfahrt 1844

heit, bestand sie doch eben gerade nicht aus mehreren Teilen, sondern war ein Einziges.

Drittens konnte die Tunika auf die Eucharistie verweisen, in der sich Jesus Christus an die Menschen austeilt, ohne dabei in Stücke zerrissen zu werden. Viele einzelne weitere Deutungen lassen sich finden (z.B. die Einheit der Heiligen Schrift), die alle

zusammen deutlich machen: Das Gewand Jesu war ein beliebtes Sinnbild für die Theologen, lange bevor es zur Verehrung eines speziellen Heiligen Rockes kam. Wenn im Umfeld der heutigen Heilig-Rock-Wallfahrten oder der Heilig-Rock-Tage darüber nachgedacht wird, was die Trierer Herrenreliquie für die gläubigen Menschen unserer Zeit zu bedeuten hat, so rechtfertigt die Vielfalt und lange Tradition der Deutungen der Tunika Jesu solche Anstrengungen und ermutigt dazu, nicht nachzulassen, Jesus Christus und die Kirche im Blick auf das Gewand Jesu tiefer zu verstehen.

JESUS CHRISTUS UND SEINE (VIELEN) KLEIDER – DER TRIERER HEILIGE ROCK UND DIE ANDEREN HEILIGEN RÖCKE

War den Kirchenvätern das Gewand Jesu durch den Bibeltext des Johannesevangeliums so gegenwärtig, dass sie darauf in ihren theologischen Diskussionen immer wieder Bezug nahmen, so erwähnen sie nichts über dessen Aufbewahrungsstätte. Sie schreiben von einem abstrakten Gewand, nicht von einer konkreten Herrenreliquie. Eine solche tritt erst mit dem Beginn des Frühmittelalters in westlichen Quellen in Erscheinung, während im griechischen Osten zunächst Schweigen herrscht, obwohl dort mehr als im Westen der Ursprung einer Verehrung von Reliquien zu suchen ist. Im Frankenreich ist es Gregor von Tours (594), der von einer Tunika Christi zu berichten weiß, die angeblich im kleinasiatischen Gebiet Galatiens (heute Türkei) aufbewahrt werde, doch ist er sich dieser Sache nach der Art seiner Formulierung selbst nicht sicher. Die ein halbes Jahrhundert später verfasste fränkische Fredgar-Chronik bietet wieder eine andere Geschichte und nennt einen Zafad genannten Ort im heiligen Land, wo die Tunika unter wundersamen Umständen aufgefunden wurde, die dann nach Jerusalem verbracht worden sei und dort verehrt werde. Die Widersprüche sind offensichtlich und trotz mancher Hilfskonstruktionen, die von einigen Autoren in der Vergangenheit entwickelt wurden, nicht wirklich aufzulösen. Die Reihe solcher Widersprüche und Unklarheiten verlängert sich mit fast jedem der beinahe 50 Orte, für die seit den heftigen Kontroversen des 19. Jahrhunderts ein Stück vom Heiligen Rock oder ein ganzer Heiliger Rock aus mehr oder minder aussage- und beweiskräftigen Quellen angeführt wird. Von Moskau und St. Petersburg in Russland, über Mzchetha in Georgien reicht die Liste der Orte nach Rom, Gent und Argentueil (b. Paris) sowie in deutsche Städte wie Bamberg, Mainz, Halle und Wittenberg. Unter dem Zwang, diese Zeugnisse mit der Echtheit und Unversehrtheit des Trierer Heiligen Rocks harmonisieren zu müssen, haben Generationen gelehrter und frommer Trierer (Kirchen-) Historiker diese „heiligen Röcke" als unecht, als im Laufe der Geschichte abgefallene und verschenkte Teile des Trierer Heiligen Rocks, als an diesen angerührte Textilien oder als andere Kleidungsstücke Jesu (z.B. Kinderkleider) interpretiert. Unter dem Druck, die Unechtheit des Trierer Heiligen Rockes „beweisen" zu müssen, suchten ihre „aufgeklärten" Gegner natürlich nachzuweisen, die historische Überlieferung dieser vielen „heiligen Röcke" sei keineswegs schlechter als die trierische Tradition. Befreit von diesen Zwängen, weil die Echtheitsfrage heute irrelevant erscheint, belegen all diese Nachrichten einfach eine beachtenswerte Wertschätzung des Gewandes Jesu in der Frömmigkeitspraxis der westlichen und östlichen Christenheit spätestens seit dem hohen Mittelalter.

DIE TRIERER TRADITION

Was nun die Tradition des Trierer Heiligen Rocks angeht, so lassen uns die schriftlichen Quellen des ersten Jahrtausends im Stich. Selbst jene Kirchenväter, die Trier aus eigenem Erleben kannten, wie Ambrosius von Mailand als geborener Trierer oder Athanasius von Alexandrien, der zwei Mal unfreiwillig in Trier im Exil lebte, schreiben ihre Gedanken über das ungeteilte Gewand Jesu nieder, ohne Trier mit einer Silbe zu erwähnen. Athanasius tat dies möglicherweise sogar noch während seines Aufenthalts in Trier im Jahr 337. Ein weiterer ebenfalls mit Trier vertrauter Schriftsteller, der Franke Gregor von Tours, berichtet – wie erwähnt – über den heiligen Rock von Galatien, aber nicht über einen in Trier.

Dieses Schweigen der spätantiken und frühmittelalterlichen Autoren steht in deutlichem Kontrast zur Trierer Tradition, welche die Existenz des Heiligen Rocks in Trier gerade in die

Der heilige
Ambrosius,
Porta Nigra

spätantike Glanzzeit Triers verlegt und mit der Person der Mutter Kaiser Konstantins (306–337), der heiligen Helena († 328/329), verbindet. Seit dem späten 17. Jahrhundert symbolisiert dies – für alle Besucher gut sichtbar – die eindrucksvolle Statue der Kaisermutter am Treppenaufgang zur Heilig-Rock-Kammer im Trierer Dom. Helena soll es nämlich nach mittelalterlicher (!) Überlieferung gewesen sein, die den Heiligen Rock nach Trier brachte, nachdem sie während einer Pilgerreise in Jerusalem das Heilige Kreuz und weitere Herrenreliquien gefunden habe. In den Quellen des 4. Jahrhunderts, die von dieser Reise und der Auffindung des Kreuzes berichten, fehlt freilich jeder Hinweis auf das Gewand Jesu. Erst in einem sehr frei mit der historischen Wirklichkeit umgehenden Werk des Altmann von Hautvillers aus dem westlichen Frankenreich findet sich in der Mitte des 9. Jahrhunderts die Verbindung von Helena-Tradition und dem Trierer Reliquienschatz. Selbst Altmann erwähnt aber immer noch nicht ausdrücklich den Heiligen

Heilige
Helena, Dom

Rock als Teil der von Helena angeblich nach Trier gebrachten Kiste voll mit Reliquien, dagegen macht er Helena gegen den historischen Befund zu einer gebürtigen Triererin.

„Hierüber so glücklich hat Helena […] aus verschiedenen Reliquien der Märtyrer die Lade [Kiste] zusammengesetzt, in der sie auch das Messer barg, das unser Herr Jesus Christus beim geheiligtesten Gastmahl benutzt hat. Mit dieser wunderbaren und wünschenswerten Würde wollte sie ihre Gegend sichern und auszeichnen […]." – *IV,43; Übersetzung Paul Dräger, S. 71*

Altmann ist es auch, der behauptet, Helena habe „ihr Haus" gestiftet, damit es zur Bischofskirche umgebaut werde. Im Trierischen hat sich dieser Gedanke in der Bezeichnung des Trierer Domes als „Haus der heiligen Helena" erhalten. Die berühmten konstantinischen Deckenmalereien, die man nach dem Zweiten Weltkrieg unter dem Trierer Dom fand und rekonstruieren konnte, galten eine Zeitlang als archäologischer Beweis für diese legendarische Überlieferung. Die jüngste Forschung spricht hingegen zurückhaltender von einem römischen Wohnhaus im Areal der kaiserlichen Palastbauten, das eher auf Konstantins Gattin Fausta als auf Helena verweist. Helenas Aufenthalt in Trier ist zwar plausibel zu machen, aber keineswegs zweifelsfrei gesichert. Noch problematischer stellt sich eine archäologische Beweisführung dar, die Theodor Kempf seit den 1950er Jahren versuchte. Er wollte im Trierer Dom einen Raum ergraben haben, in dem schon in der Konstantinszeit der Heilige Rock aufbewahrt worden sei. Nach neuen Grabungen und einer genaueren Sichtung der alten Grabungsbefunde dürfte jetzt feststehen, dass seine These eine Fehldeutung ist. Damit schweigen nicht nur die Schriftzeugnisse, sondern auch die Monumente des ersten Jahrtausends.

Deckengemälde aus einem römischen Wohnpalast, Museum am Dom Trier

Das Schweigen endet in der zweiten Hälfte des 11. Jahrhunderts. Der unbekannte Autor, der zwischen 1050 und 1072 als Angehöriger des Trierer Domklerus das Leben des Trierer Bischofs Agritius (ca. 313–330) schrieb, erwähnt zum ersten Mal eine Trierer Herrenreliquie, die man mit dem Heiligen Rock identifizieren könnte. Diese Vita führt zunächst in Anlehnung an Altmann eine Reliquienschenkung an Triers Bischof Agritius durch Kaisermutter Helena an und nennt nun unter den nach Trier gesandten Reliquien neben dem Abendmahlsmesser auch einen heiligen Nagel vom Kreuz Christi und die Gebeine des Apostels Matthias namentlich. Vom Heiligen Rock herrscht an dieser Stelle Stillschweigen. Später berichtet der Autor dann allerdings detailliert von einer Begebenheit im Trierer Dom.

Text Agritius-Vita:

„Aus sehr wahrer Überlieferung der Voreltern haben wir vernommen, dass einst einem sehr frommen Bischof dieses Erzstiftes verschiedene Meinungen der Leute über jene Reliquien des Herrn zu Ohren kamen. Einige sagten, es sei der ungenähte Rock des Herrn, andere aber, es sei das Purpurkleid, mit dem der Herr in seiner Leidenszeit gekleidet gewesen war, gewisse andere aber glaubten, dieses Liebespfand bestehe in den Beinkleidern (Stiefeln/Gamaschen) des Weltheilands." – *Übersetzung in weitgehender Anlehnung an Stephan Beissel, S. 62*

Mit diesen Aussagen setzt der Verfasser also voraus, es habe bereits vor seiner eigenen Lebenszeit in Trier die allgemeine Überzeugung geherrscht, im Besitz einer besonderen Herrenreliquie zu sein. Andererseits macht der Text klar, dass man sich damals nicht sicher gewesen war, es handele sich dabei um den Heiligen Rock. Deshalb lässt der Autor der Agritius-Vita eine Art Untersuchung im Trierer Dom stattfinden.

Nagelreliquiar und heiliger Nagel, Domschatzkammer

21

„Einer aus der versammelten Menge, ein Mönch von hervorragender Frömmigkeit und Andacht, wurde ausgewählt, um das Geheimnis des Herrn zu schauen und es dem Bischof dann mitzuteilen. Er öffnete den Schrein, in den der heilige Agritius jenen Schatz deponiert hatte. Aber kaum, dass er (den Deckel) hochhob, um hineinzusehen, so verschloss ihm die Fügung Gottes, gegen die kein (menschlicher) Rat etwas vermag, das Augenlicht." – *Übersetzung dort S. 63.*

Nach diesem Geschehen, das die Menschen nach Meinung des Autors als eine Art Gottesurteil auffassten, wagte niemand mehr, den Schrein zu öffnen. Damit will der Autor nicht zuletzt auch die eigene Unsicherheit und die seiner Zeitgenossen erklären, während sich für den Historiker aus diesem Bericht eines Trierer Domklerikers der Schluss nahe legt, in der zweiten Hälfte des 11. Jahrhunderts habe man am Trierer Dom wohl

Andreas-Tragaltar, Domschatzkammer

um eine textile Herrenreliquie gewusst, aber ihren Charakter nicht näher gekannt.

Eine eindeutige Festlegung, der Heilige Rock befinde sich als Gabe der heiligen Helena in Trier, erfolgt in der schriftlichen Trierer Überlieferung erst in den ersten Jahrzehnten des 12. Jahrhunderts, und zwar in den ältesten Teilen des Trierer Geschichtswerks „Gesta Treverorum". Dort wird eine angebliche Urkunde Papst Silvesters I. an Bischof Agritius zitiert, die der Trierischen Kirche den höchsten Rang in Gallien und Germanien, also in Frankreich und in Deutschland, zuerkennt. Diese Urkunde wurde im Jahrhundert zuvor in Trier produziert, um den Trierer Anspruch auf Vorrang in Konkurrenz zu anderen Bistümern in Frankreich wie Deutschland (Reims; Köln; Mainz) zu stützen. In dieser gefälschten Urkunde des 11. Jahrhunderts war aber schon die Rede von Reliquien, die Helena der Trierischen Kirche vermachte, auch ganz allgemein von Herrenreliquien, nicht aber vom Heiligen Rock. In der Fassung der „Gesta Treverorum" wird der Heilige Rock nun am Beginn des 12. Jahrhunderts in den alten Wortlaut hinein ergänzt:

„Ich Silvester ... erneuere und bestätige (diesen Primat) durch Agritius, den Patriarchen von Antiochien, zu Ehren der Vaterstadt der Herrin und Kaiserin Helena, die aus dieser Metropole stammt. Sie hat mit glücklicher Hand durch die Übertragung des Apostels Matthias zusammen mit dem Rock und Nagel des Herrn, dem Zahn des hl. Petrus, den Sandalen des hl. Apostels Andreas, dem Haupte des Papstes Cornelius und anderen Reliquien diese Stadt aufs herrlichste bereichert und vorzüglich gefördert." – *Übersetzung von Hans A. Pohlsander, in: Der Heilige Rock, S. 124*

Dass damals keineswegs im Trierischen schon allgemein das Bewusstsein vorherrschte, im Besitz des Heiligen Rockes zu sein, verdeutlicht ein Werk des Abtes Thiofrid von Echternach, der um 1100 herum noch die Meinung aus der Fredegar-Chronik wiedergab, der Heilige Rock sei in Zafad entdeckt und nach Jerusalem überführt worden. Weder von Helena noch von Trier verlautet ein Wort. Damit stehen die „Gesta Treverorum" am Beginn der eindeutigen Trierer Heilig-Rock-Tradition. Diesem Geschichtswerk ist schließlich auch jenes für die Trierer Heilig-Rock-Tradition so wichtige Ereignis zu entnehmen, das bis heute gefeiert wird, die Übertragung der als Gewand Jesu verehrten Tuchreliquie in den neuen Hochaltar des Ostchores des Trierer Domes am 1. Mai 1196:

„Am Tag der Domweihe, welche auf das Fest der Heiligen Philippus und Jakobus fällt, weihte er (Erzbischof Johann) den Hochaltar mit großer Feierlichkeit und Andacht und er legte die Tunica des Herrn mit großer Ehrfurcht und Verehrung durch untadelige Männer an demselben Tage in den Altar des heiligen Petrus". – *Übs. weitestgehend nach Beissel, S. 20*

Darüber hinausgehende Interpretationen späterer (Kirchen-) Historiker, die diesen Vorgang zu einer ersten öffentlichen Ausstellung des Heiligen Rockes stilisieren, entbehren einer überzeugenden Quellengrundlage.

ZEIT DER VERGESSENHEIT?

Zu den erstaunlichsten und bis heute nicht befriedigend zu erklärenden Gegebenheiten in der langen Geschichte der Trierer Heilig-Rock-Verehrung gehört das Geschick des Heiligen Rockes nach dem eben geschilderten Vorgang von 1196. Während anderenorts in Europa und Deutschland die Heiligen- und Reliquienverehrung und mit ihnen zusammen das Pilgern zu immer größerer Blüte gelangte, während selbst in Trier seit 1127 der bis heute fortdauernde Zustrom von Pilgern zum Grab des Apostels Matthias begann, liegt über dem Heiligen Rock nach

Koptische Tunika, 4.–6. Jahrhundert, Stadtmuseum Simeonstift

1196 ein kaum aufzuhellendes Dunkel. Er ruhte rein praktisch im Dunkeln, nämlich eingemauert im Hochaltar. Von ihm machte das Trierer Domkapitel keinen Gebrauch, er wurde zu keinem Ziel frommer Pilger. Vergessen war er freilich nicht. Die Spielmannsdichtung nahm sich seiner an (so genanntes Orendellied), und im Jahr 1353 bei einem Besuch Kaiser Karls IV., Neffe des damals amtierenden Trierer Erzbischofs Balduin, muss man um den Aufbewahrungsort des Heiligen Rocks gewusst haben. Karl IV. ließ sich nämlich wenig später vom Papst bestätigen, einen Teil der ungenähten Tunika des Herrn zu besitzen. Der sehr engagierte Reliquiensammler wird sich dieses Stück wohl bei seinem Besuch in Trier besorgt haben, wobei er wahrscheinlich zurückhaltender vorging als ein Jahr später, als er nach dem Tod seines Onkels eigenhändig einen Teil vom Trierer Petrusstab absägte.

Vor dem Hintergrund der Spaltung der westlichen (lateinischen) Christenheit in Gefolgschaftsgebiete zweier oder zeitweise sogar dreier gleichzeitig amtierender Päpste (1378–1417) sowie angesichts von Streitigkeiten im Erzbistum Trier selbst, appellierte am Beginn des 15. Jahrhunderts (wohl um 1403) der Propst von Trier St. Paulin, Friedrich Schavard, an das Domkapitel, den Heiligen Rock öffentlich als Einheitssymbol zu zeigen. Er griff die alte theologische Deutung auf und verband sie nun mit dem Gedanken einer Reliquienzeigung.

Solche Reliquienzeigungen, auch Heiltumsweisung genannt, gab es auch in Trier im Zusammenspiel verschiedener Trierer Abteien und Stifte, an denen das Domstift beteiligt war. Sie stießen seit dem späten 14. Jahrhundert auf wachsendes Interesse. Gezeigt wurde viel, nicht aber der Heilige Rock, auch nicht im Anschluss an Schavards Aufforderung. Man hat als Grund dafür vor allem die Angst des Domkapitels angeführt, bei dessen Ausstellung und einer damit verbundenen großen Wallfahrt die alleinige Kontrolle über den Domschatz mit seinen Reliquien zu verlieren, weil dann der Erzbischof und vor allem die Stadt Trier hier Rechte geltend machen würden. An Versuchen der Stadt, Einfluss über die Heiltümer zu erlangen, hat es in der Tat bis zum Vorabend der ersten Heilig-Rock-Ausstellung 1512 nicht gefehlt, zumal man sich seit langer Zeit selbst als „heiliges Trier" sah und stilisierte. Die Stadt engagierte sich zugunsten der jährlich vor allem in der Karwoche üblichen Heiltumszeigungen, wie auch der Stadtrat verstärkt an dem Geschehen selbst beteiligt wurde (durch Teilnahme an Prozessionen zu den Heiltümern in den Abteien St. Maximin oder St. Matthias). Zugleich mehrten sich um 1500 die Reliquienfunde in Trier.

1512: AUS DEM DUNKEL IN DIE ÖFFENTLICHKEIT – DER ANFANG EINER 500JÄHRIGEN WALLFAHRTS-TRADITION

Angesichts der geschilderten Entwicklung könnte man behaupten, es habe förmlich in der Luft gelegen, den Heiligen Rock aus dem Dunkeln zu holen und in die Trierer Heiltumszeigungen zu integrieren, zumal die Konkurrenz des „heiligen Trier" nicht schlief und in Trier selbst zwischen den alten Abteien und Stiften ebenfalls eine lebhafte Konkurrenz auch um die vorzeigbaren Reliquien herrschte. Und dennoch präsentiert sich das Geschehen vom Frühjahr 1512 nicht einfach als gradlinige Weiterentwicklung, sondern als ein komplexer Vorgang, in dem nicht nur verschiedene Akteure, sondern mit ihnen auch durchaus konträre Interessen zum Vorschein kamen.

Wallfahrtszeichen, 16. Jahrhundert

Wir haben es auf Trierer Seite zunächst mit einer Gruppe humanistisch gebildeter Domkapitulare zu tun, die den Heiligen Rock zeigen und ausstellen wollten. Nachdem sie dies erreicht hatten, bewarben sie dieses Ereignis dann gezielt mit dem damals modernsten Medium der mit Holzschnitten bebilderten Flugschrift und mit einer umfangreichen, programmatischen Darstellung, mit der sie auch kritische Einwände zu entschärfen suchten. Aus ihrer Perspektive repräsentierte der Heilige Rock in der Obhut des Domkapitels sowohl das ehrwürdige Alter Triers als auch seine Heiligkeit in idealer Weise, gab der Stadt den Charakter eines zweiten Rom und verlieh vor allen anderen den Hütern dieses Schatzes (Domkapitel) ein besonderes Prestige. Sicher nicht unerwünscht waren dieser Gruppe von Domkapitularen auch die finanziellen Aspekte einer blühenden Heilig-Rock-Wallfahrt, boten sie doch manche Möglichkeit für das Trierer Domkapitel. Ihnen standen anscheinend andere Domkapitulare gegenüber, die am früheren Kurs festhielten, den Heiligen Rock also unter Verschluss halten wollten. Im häufig zerstrittenen Domkapitel war eine solche Gruppenbildung nichts Ungewöhnliches.

Als weiterer kirchlicher Akteur wirkte der gerade erst frisch gewählte und noch nicht geweihte Erzbischof Richard von Greiffenklau. Als die Ereignisse im Frühjahr 1512 ihren Lauf nahmen, war er gerade erst im Amt und stand doch schon als Gastgeber des Kaisers und des Reichstages im Blickpunkt, und das mitten in einem Konflikt mit seiner Bischofsstadt Trier, die ihn als Landesherrn ablehnte und auf ihre Unabhängigkeit als reichsunmittelbare Stadt pochte.

Das ist der vierte Akteur, die Stadt und ihr Rat. Ihr Engagement zielte nicht nur gegen den Erzbischof und auf Reichsunmittelbarkeit. Seit Jahrzehnten war sie um größeren Einfluss auf das kirchliche Leben bemüht, immer wieder loderte der

Blick vom Bischof-Stein-Platz auf den Quadratbau des Doms

Konflikt mit Teilen des in der Stadt lebenden Klerus wegen dessen rechtlicher und wirtschaftlicher Sonderstellung auf. Wenige Monate vor den Ereignissen des Frühjahrs 1512 hatte die Auseinandersetzung zwischen Stadt und Domkapitel zu eskalieren gedroht, weshalb das Domkapitel damals (1511) geplant hatte, die Stadt mitsamt dem Domschatz zu verlassen. Die Stadtväter selbst aber waren auch getrieben von der wirtschaftlichen Krise der Stadt, die auffällig mit der historischen Größe kontrastierte. Insofern mussten sie einem wachsenden Zustrom von Pilgern allein schon aus wirtschaftlichen Gründen wie aus Gründen des Prestiges prinzipiell positiv gegenüber stehen, doch scheint der Stadtrat zunächst eher von den Ereignissen überrollt worden zu sein. Auf der anderen Seite brachte der Pilgeransturm den Stadtvätern große organisatorische Anstrengungen und Kosten und zementierte einmal mehr die Dominanz des Klerus in der Stadt, denn der blieb Herr über den

Zu Trier in der beruembten stat
Sein Kaiserliche Maiestat
Den Rock des herren Jesu Crist
Vefunden hat wie ir dann wist
Erhebt sand Leopold desgleich
Ein Marggrauen von Osterreich

A. Dürer, Erzbischof Richard von Greiffenklau zeigt Kaiser Maximilian den Heiligen Rock. 1512/13, Holzschnitt aus der Ehrenpforte für Kaiser Maximilian, Museum am Dom Trier

Heiligen Rock und über die Wallfahrt. An der Werbung für die Heilig-Rock-Ausstellung von 1512 beteiligte sich der Rat gleichwohl durch ausgesandte Boten, die „Werbeplakate" in auswärtigen Städten ankleben sollten.

Bleibt als letzter wesentlicher Akteur Kaiser Maximilian I. Er hatte für den April 1512 zum ersten (und letzten) Mal einen Reichstag nach Trier einberufen, der damit demonstrativ vor der Haustür des feindlichen Frankreich stattfinden würde, dem Kaiser freilich auch leicht die Weiterreise in seine burgundisch-niederländischen Territorien ermöglichte. Das „heilige Trier" mochte dem frommen Kaiser freilich auch wegen seiner Reliquienschätze nicht ungelegen gewesen sein. Geprägt ist unser Bild über die Erhebung des Heiligen Rockes im April 1512 vor allem von dem 1514 verfassten Bericht des Trierer Dompredigers und späteren Weihbischofs Johann Enen. Er war Vertreter der wallfahrtsfreundlichen, humanistischen Gruppe im Trierer Domkapitel. In seiner Schilderung begegnet Maximilian als der Initiator, der Domkapitel und Erzbischof nachhaltig dazu gedrängt habe, den Altar zu öffnen und den Heiligen Rock zu zeigen.

„Hat dieselbige kaiserliche Majestät dem hochwürdigsten Herrn und Fürsten Richard, Erzbischof zu Trier [...] [wie] auch seiner fürstlichen Gnaden Domkapitel trefflich Befehl gegeben und ersuchen lassen, dass dieser mitsamt dem Domkapitel, den Hl. Rock suchen lasse." – *modernisiert nach Embach/ Schmid, S. 221*

Maximilian dürfte tatsächlich um die Existenz des Heiligen Rockes in Trier gewusst haben. Mit dessen Erhebung und Ausstellung wollte er möglicherweise ein Symbol präsentieren, das zu seinen Plänen passte, einen Türkenkreuzzug der Reichsfürsten unter seiner Führung zu organisieren. Zugleich wird er sich der Wirkung bewusst gewesen sein, wenn er als Wiederentdecker und frommer Verehrer des Gewandes Jesu öffentlich präsentieren konnte. Für ihn war die Ausstellung des Heiligen Rockes ganz gewiss Teil seiner herrscherlichen Selbstinszenierung.

Was nun im April 1512 genau geschah, ist trotz einiger zeitlich nah am Ereignis liegender Berichte von Augenzeugen nicht lückenlos aufzuklären. Am 11. März traf als erstes der Kaiser in Trier ein, noch kurz vor dem Erzbischof. Am Mittwoch der Osterwoche (14. April), dem Tag vor der Eröffnung des Reichstages, soll auf Drängen des Kaisers eine Person unter den Altar gekrochen sein, um dort den Heiligen Rock zu bergen. Welche Rolle der Erzbischof und das Domkapitel dabei genau spielten, bleibt unsicher, wobei vor allem das Domkapitel als auffällig unbeteiligt, der Erzbischof als zögerlich präsentiert werden. Einigkeit der Zeugen besteht wieder darüber, dass mehrere Kisten mit Reliquien gefunden wurden, darunter eine mit dem Heiligen Rock samt einem Würfel und einem Messer. All dies geschah nicht öffentlich, und von einer Zeigung der gefundenen Reliquien verlautet nichts. Am 22. April öffnete man dann auch den Reliquienschrein über dem Hochaltar und kündigte eine Ausstellung dieser Reliquien an, die am 2. Mai stattfand. Wieder wird Maximilian als treibende Kraft hervorgehoben. An den beiden folgenden Tagen erfolgte eine Zeigung sämtlicher „gefundener" Reliquien im Dom, jedoch lagen die Reliquien unsichtbar in silbernen Kästchen, was jedoch zahllose Menschen nicht davon abhielt, dorthin zu kommen. Ob wenigstens der Kaiser den Heiligen Rock jetzt richtig sah, wie ein zeitgenössischer Holzschnitt vorgibt, ist unklar. Wenige Wochen später (30./31. Mai), am Pfingstfest, konnten die Menschen erstmals den auseinander gefalteten Heiligen Rock sehen, worauf sie anscheinend gedrängt hatten. Vermutlich erfolgte die Zeigung jetzt noch im Inneren des

Doms. Ob sich nun eine längere Periode mit täglichen Zeigungen anschloss oder ob die belegten Zeigungen am 30. Juni und 1. Juli die einzigen Tage der Präsentation waren, lässt sich angesichts abweichender Angaben in den Quellen nicht mehr sicher feststellen. Sich ergänzende Zahlenangaben von 40.000 Menschen am Pfingstmontag (31. Mai) und 80.000 am 30. Juni sprechen bei aller Skepsis, die man bewahren muss, jedenfalls neben anderen Hinweisen für einen Massenansturm von Gläubigen. Er war mitbedingt durch vorherige Werbemaßnahmen, und das große städtische Aufgebot von Ordnungskräften vermochte ihm kaum Herr zu werden. Von einzelnen Unglücksfällen wird berichtet.

Nur für kurze Zeit blieb der Heilige Rock ab jetzt den Blicken der Gläubigen entzogen, denn das Domkapitel hatte für die Zukunft eine jährliche Zeigung angekündigt.

EINE RELIQUIENWALLFAHRT WIRD ETABLIERT UND KRITISIERT

Von 1513 bis 1517 folgten tatsächlich jährlich Zeigungen während ungefähr zweier Wochen, für die sich ein festes Programm der Reliquienzeigung einspielte, bei denen der Heilige Rock den End- und Höhepunkt bildete. Vor ihm wurden mehrere andere kostbare Reliquien präsentiert (Arm der heiligen Anna, der Petrusstab, das Haupt des Apostels Matthias, das Haupt der Kaiserin Helena, Reliquien der heiligen Barbara, das Haupt des Papstes Cornelius, der Leib des heiligen Maternus), wobei die Zusammenstellung und Reihenfolge in den Jahren nicht völlig identisch war (1517 kam etwa der im Domschatz befindliche heilige Nagel hinzu). Wie ein Holzschnitt von 1513 belegt, zeigte man die Reliquien der auf dem Domfreihof war-

Hölzerner Erker an der Westapsis des Doms, Holzschnitt 1513

tenden Menge von einer Art Balkon am Mittelfenster der Westapsis aus. Der Heilige Rock hing dabei nach unten, die Ärmel
blieben aber mittels eines Stockes waagerecht ausgebreitet.

Zu den Maßnahmen, die neue Trierer Reliquienzeigung sy-
stematisch zu etablieren und die Attraktivität der Trierer Heil-
tumszeigung weiter zu steigern, gehörte nicht zuletzt ein
päpstliches Ablassprivileg, dessentwegen Abgesandte des Trierer Domkapitels eigens nach Rom reisten. 1515 erhielt man
dieses Privileg eines vollkommenen Ablasses. Dieser konnte

zukünftig alle sieben Jahre bei der Trierer Wallfahrt gewährt werden. Noch im selben Jahr erhielt Trier außerdem das Privileg, schon in den nächsten zwei Jahren den Ablass unter das Volk bringen zu dürfen. Diese Privilegien ließ sich die Kurie in Rom allerdings entsprechend den damaligen Gepflogenheiten durch eine Beteiligung an den eingehenden Opfergaben gut bezahlen. Als weitere Neuerung ist die Heilig-Rock-Bruderschaft zu erwähnen, die schon 1513 zu Ehren des Heiligen Rocks ins Leben gerufen wurde. Ihr Ziel war es, Spenden für den Dom und die würdigere Ausgestaltung der Reliquien (Schreine, kostbare Reliquiare) bei den Mitgliedern einzuwerben, denen dafür eigene Ablässe und besondere Gottesdienste versprochen wurden. Wir wissen, dass zwei neue Domglocken mit den Ablassgeldern finanziert wurden, auch dürften die Pilgergaben zur Aufstockung des Südturms um ein Glockengeschoss beigetragen haben.

1517 kam dann die für die nächsten Jahrzehnte wegweisende Änderung im Rhythmus der Trierer Heilig-Rock-Wallfahrt. Von da an lehnte sich der Trierer Termin an denjenigen der seit dem Hochmittelalter international bekannten Wallfahrt nach Aachen an, die allerdings alle sieben Jahre stattfand. Damit endeten die jährlichen Zeigungen des Heiligen Rocks. Trotz mancher politischer Störungen (Fehde mit Reichsritter Franz von Sickingen 1522; Bauernkrieg 1525/26) und der inzwischen entstandenen reformatorischen Bewegung blieb es dann bis 1545 auch in Trier bei diesem Siebenjahresrhythmus. Der Termin der Zeigung in Trier lag so, dass die Aachen-Pilger auf dem Hin- oder Rückweg nach Trier ziehen konnten. Dann fiel allerdings die schon für 1552 angekündigte Wallfahrt den kriegerischen Ereignissen zum Opfer, und sieben Jahre später hatten sich die Zeiten endgültig gewandelt: In Trier gab es nämlich 1559 einen Erfolg versprechenden Reformationsver-

Pilgerzeichen,
16. Jahrhundert

such mit Caspar Olevian (1536–1587) an der Spitze. Für eine Reliquienwallfahrt war das nun wirklich kein günstiger Umstand, und so fiel die Heilig-Rock-Wallfahrt nun in gewisser Weise doch noch der Reformation zum Opfer, obwohl sich Olevian und seine Anhänger am Ende der politischen und militärischen Macht des Kurfürst-Erzbischofs beugen mussten. Für ein Jahrhundert unterblieben alle öffentlichen Zeigungen des Heiligen Rockes.

An Kritikern der Trierer Heilig-Rock-Ausstellung und Wallfahrt hatte es von Anfang an nicht gefehlt. Die Verfasser der vielen Werbeschriften sahen sich regelmäßig genötigt, Einwänden gegen die Echtheit entgegenzutreten oder Vorwürfe der Geldmacherei zurückzuweisen. Später kam dann die scharfe Kritik von Reformatoren wie Martin Luther, Martin Bucer

oder Jean Calvin am „Beschiss mit unseres Herrn Rock zu Trier" (Luther) hinzu. Wo sich die Reformation durchsetzte, wurde der Trierer Wallfahrt theologisch der Boden entzogen, denn Wallfahrten galten Luther als ein „gering gut werck", von dem seine Anhänger jedoch annähmen, es sei ein „kostlich gut werck".

„Daß die wilden Kapellen und Feldkirchen wurden zu Boden verstöret, als da sein, da die neuen Wallfahrten hingehen: Wilsnack, Sternberg, Trier. […] O wie schwer, elend Rechenschaft werden die Bischof müssen geben, die solchs Teufelsgespenst zulassen und Gewinn davon empfangen: Sie sollten die ersten sein, diesen zu wehren; (aber) sie meinen, es sei (ein) göttlich, heilig Ding; (sie) sehen nicht, dass der Teufel solchs treibt, den Geiz zu stärken, falschen, erdichten Glauben aufzurichten, Pfarrkirchen zu schwächen, Gastwirtschaften und Hurerei zu mehren, unnütz Geld und Arbeit verlieren und nur das arme Volk an der Nase herumzuführen. Hätten sie die Schrift so wohl gelesen als das verdammte kanonische Recht, sie wüssten den Sachen wohl zu raten." – *Martin Luther, An den christlichen Adel deutscher Nation; vgl. Weimarer Ausgabe Bd. 6, S. 437*

Für Luther galt es also, die Wallfahrten abzuschaffen, was in den Trier benachbarten protestantischen Territorien, aus denen vorher viele Menschen nach Trier gezogen waren, dann auch wirklich geschah. Die Auswüchse infolge immer neuer Reliquienfunde in Trier wie auch die offensichtlich dubiose Geldmacherei mit den in Rom ausgehandelten Ablässen ließen sogar in Trier ehemalige Förderer der Wallfahrt zu Gegnern werden.

HOFFNUNG NACH DEM 30JÄHRIGEN KRIEG

Verschwunden und vergessen, das war der Heilige Rock nach der letzten großen öffentlichen Wallfahrt von 1545 keineswegs, so wenig wie die übrige Trierer Reliquientradition. Kurzfristig anberaumt und nur für wenige Tage zeigte man den Heiligen Rock 1585, wozu der sich in Trier aufhaltende päpstliche Nuntius Bonhomi den Anstoß gegeben hatte. Mehr oder weniger privater Natur war die Zeigung des Jahres 1595, welcher der Bruder des Kaisers, der Kölner Kurfürst-Erzbischof und weitere prominente Adlige aus dem Trierischen und den (südlichen) Niederlanden beiwohnten.

Das 17. Jahrhundert war dann nicht nur von einer fast nicht abreißenden Folge von Kriegen gekennzeichnet, sondern auch von den damit verbundenen regelmäßigen Flüchtungen des Heiligen Rockes, den man auf der stark ausgebauten kurfürstlichen Festung Ehrenbreitstein oberhalb des Rheins bei Koblenz sicherer wähnte als in der Stadt Trier. Nur ein einziges Mal kam es zu einer großen Heilig-Rock-Ausstellung und Wallfahrt, und zwar im Jahr 1655, d.h. in einer kurzen Friedensperiode nach dem 30jährigen Krieg. Entscheidender Initiator war Kurfürst-Erzbischof Karl Kaspar von der Leyen (1652–1676). Das fiel ihm leichter als seinen Vorgängern zu Beginn der Heilig-Rock-Wallfahrten, weil seine Stellung als Landesherr seit einem Urteil des Reichskammergerichts von 1580 auch von der Stadt Trier unumstößlich zu akzeptieren war.

Ein genauer Plan legte einige Sonn- bzw. Feiertage in Mai und Juni als Wallfahrtstage fest, die für Pilger aus unterschiedlichen Regionen reserviert wurden. Als nur den Trierern und dem Trierer Klerus vorbehaltener Tag kam das Domweihfest (1. Mai) hinzu. Anders als bei den Wallfahrten im 16. Jahrhundert

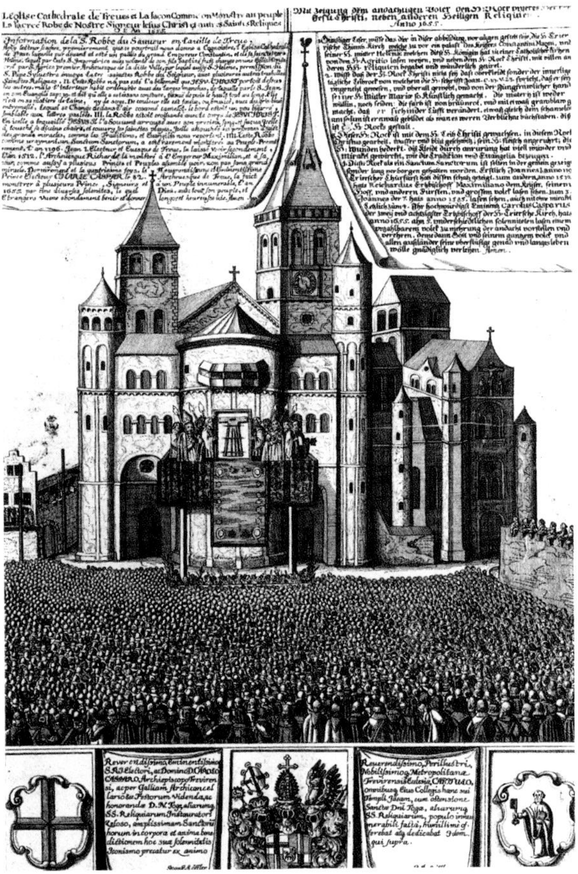

Zeigung des Heiligen Rockes 1655 von der Westapsis des Doms

gab es also keine zusammenhängende Wallfahrtsperiode. Um den Heiligen Rock zeigen zu können, hatte man außen an der Westapsis des Domes eine größere Schaubühne errichtet, die vom abgesperrten Nikolauschor der Westapsis aus erreichbar war und auch Ehrengästen Platz bot. Der Heilige Rock selbst war in einem größeren hölzernen Kasten befestigt. Ein Zeitgenosse gibt darüber hinaus an, die Reliquienzeigung habe ergänzend auch jeweils im Dominnern von der Empore aus stattgefunden.

Wie früher, zeigte man vor der Präsentation der Tunika andere Reliquien der Domkirche. Die Zeigung war ein aufwändiges liturgisches Schauspiel mit musikalischer Begleitung, Glockengeläut und Kanonenschüssen als Salut für den Heiligen Rock. Durch Beichte, Messfeiern und Predigten gab man dem Geschehen auch einen seelsorglich-liturgischen Rahmen, verkirchlichte also in gewisser Weise das Geschehen. Wegen der Pilger aus den französischsprachigen Gebieten wurden an dem für die Trierer Suffraganbistümer Metz, Toul und Verdun vorgesehenen Tag die Erklärungen und Ankündigen bei der Zeigung auch in französischer Sprache geboten. Da sowohl der Erzbischof als auch die Stadt Trier für das Ereignis eifrig geworben hatten, platzte die Stadt an den Wallfahrtstagen nach den zeitgenössischen Angaben aus den Nähten. Von mehreren 10.000 Menschen bis hin zu 80.000 ist in den Quellen für die einzelnen Tage die Rede. Die dichtgedrängte Menge auf dem Domfreihof hatte zwei Mal am Tag die Gelegenheit, die Zeigung der Reliquien zu erleben, am Abend gab es eine letzte in verkürzter Form ohne den Heiligen Rock. Wegen des Massenandrangs mussten an den letzten Wallfahrtstagen zusätzliche Zeigungen vorgenommen werden. Auch ein weiterer Wallfahrtstag erwies sich als notwendig.

So war die Ausstellung von 1655 ein eindeutiger Erfolg, dem aber keine Dauerhaftigkeit beschieden war, denn schon bald folgten wieder die Kriege und die dadurch bedingten Flüchtungen des Heiligen Rocks. Es begann das „Jahrhundert der privaten Zeigungen" (Wolfgang Seibrich). Damit sind zu allererst jene Situationen gemeint, bei denen die jeweiligen Trierer Kurfürst-Erzbischöfe sich den Heiligen Rock zeigen lie-

ßen, zusammen mit prominenten Mitgliedern des Hofes und Angehörigen des Domkapitels. Die Trierer Kurfürst-Erzbischöfe verfügten unverändert nicht allein über die Reliquie, sondern teilten sich die Aufsicht mit dem Domkapitel. Zwischen der Festung Ehrenbreitstein, zu deren Füßen die Kurfürsten in der Philippsburg die meiste Zeit residierten, und Trier wanderte der Heilige Rock in all diesen Jahrzehnten wiederholt hin und her. In Einzelfällen konnte dies zum Anlass für eine kurze öffentliche Zeigung werden, so geschehen etwa 1765 in Ehrenbreitstein.

HEIMKEHR AUS DEM EXIL – 1810

Mit der Französischen Revolution ereignete sich ab 1789 in dem Kurtrier direkt benachbarten Frankreich eine dramatische Veränderung der Verhältnisse. Nahezu gleichzeitig kam auch in Trier wachsende Unruhe auf, nicht zuletzt deshalb, weil der Trierer Kurfürst-Erzbischof Clemens Wenzeslaus (1768–1801/1812) eine Reform im Geist der katholischen Aufklärung betrieb, die Prozessionen und Wallfahrten wenig geneigt war, sie starken Beschränkungen unterwarf und teilweise sogar verbot. Im Wallfahrtszentrum Trier fürchteten daher nicht wenige Bürger um die Einkünfte aus dem traditionellen Besuch der Pilger und Pilgerinnen und protestierten. Anderenorts setzten sich die Gläubigen über die Wallfahrtsbeschränkungen hinweg, was Konflikte heraufbeschwor. Als Geste guten Willens und der Beschwichtigung beschlossen der Kurfürst-Erzbischof und seine Räte daher im Frühjahr 1790 eine Ausstellung des Heiligen Rockes. Mehr als ein Transport der Reliquie nach Trier kam dabei allerdings nicht heraus, und schon bald flüchtete man sie angesichts des Krieges mit dem revolutionären Frankreich wieder nach Ehrenbreitstein. Mit dem Vormarsch der französi-

Rückführung des Heiligen Rockes, 1810, Wandgemälde in St. Peter, Merzig

schen Revolutionsarmee, die im Jahr 1794 das gesamte linksrheinische Gebiet besetzte, geriet auch das Trierer Land in den
Sog der Revolution. Viele Domkapitulare flohen, aus dem Dom
wurden Pferdestall und Magazin. Für die Reliquie begann eine
jahrelange Odyssee auf der Flucht vor den Franzosen: vom Ehrenbreitstein nach Aschaffenburg, von dort nach Bamberg,
weiter nach Böhmen, 1797 zurück nach Bamberg und zuletzt
(1803) nach Augsburg. Dorthin holte ihn insgeheim Clemens
Wenzeslaus, weil er dort noch Bischof war. Sein Kurfürstentum
Trier hatte er inzwischen verloren, weil als Folge der siegrei-
chen französischen Armeen das linksrheinische Gebiet 1801
an Frankreich gefallen war und ein Reichsvertrag zudem die
von Bischöfen und Äbten regierten Fürstentümer beseitigte
und weltlichen Fürsten übereignete (1803).

Zur selben Zeit hatte das neu geschaffene kleine Bistum
Trier einen französischen Bischof erhalten, Charles Mannay
(1802–1816), denn Trier und das Trierer Land gehörten in dieser Zeit (bis 1814/15) zu Frankreich. Als der Augsburger Auf-
enthaltsort der so berühmten Trierer Reliquie bekannt wurde,
setzte ein hartnäckiges Ringen um den Besitz ein: Charles
Mannay wollte ihn mit Unterstützung der französischen Regierung für Trier zurückgewinnen, der Herzog von Nassau-Weil-
burg und die bayerische Regierung machten Ansprüche geltend und Clemens Wenzeslaus war der faktische Besitzer. Erst
1810 gelang nach vielen Geheimverhandlungen eine Eini-
gung: Der Heilige Rock sollte nach Trier zurück. Der Trierer Ge-
neralvikar und ein Domkapitular reisten ohne Aufsehen zu er-
regen nach Augsburg und brachten die Reliquie unerkannt bis
nach Merzig. Dort wurde die Heimkehr des Heiligen Rockes fei-
erlich in aller Öffentlichkeit bekannt gemacht, und der Rest des
Weges nach Trier glich einem Triumphzug: Pfarrei nach Pfarrei
empfing die Delegation und geleitete sie – angeführt vom

Lithographie der Heilig-Rock-Wallfahrt 1844

Ortspfarrer und begleitet von der Nationalgarde – in Prozession bis zur Pfarrgrenze. Das war nicht nur Ausdruck von Feierlichkeit, sondern entsprach zugleich der geltenden Rechtslage, die Prozessionen nur in kleiner Zahl und unter strikten Auflagen erlaubte. In Trier empfing der Bischof den Heiligen Rock, der dann vom 9. bis 27. September 1810 mit Erlaubnis der französischen Obrigkeit ausgestellt werden durfte, was keineswegs selbstverständlich war und auch in der französischen Verwaltung teils auf lebhaften Widerspruch stieß.

Die von Charles Mannay vorgesehene Wallfahrt sprengte eindeutig den von der Obrigkeit sonst akzeptierten Rahmen für religiöse Feiern in der Öffentlichkeit. Umso größeren Wert legten der Bischof und sein Behörde auf einen streng geregelten Ablauf, der „Ruhe und Ordnung" garantieren sollte. Deshalb waren nur Pfarrprozessionen unter Leitung eines Priesters erlaubt, die an einem festgelegten Tag in Trier eintreffen mussten, dort in einer Kirche bis zum Einlass in den Dom warteten und binnen zwei Stunden nach dem Verlassen des Domes wieder aus der Stadt abzogen. Einzelpilger waren unerwünscht. Wie diese Bemerkungen schon andeuten, war nun auch keine Reliquienzeigung außerhalb des Domes mehr vorgesehen, erst recht keine Zeigungszeremonie mit einer sich immer steigernden Abfolge von Attraktionen bis zum Heiligen Rock als Höhepunkt. Allein um die Tunika ging es noch, die im Chorbereich des Domes hing, an der die Prozessionen über die große Treppenanlage vorbeizogen. Davon haben wir zwar für 1810 keine Abbildung, aber 1844 folgte man dem neuen, 1810 geprägten Vorbild, so dass die Lithographie der Wallfahrt von 1844 auch Gültigkeit für die voraufgehende Wallfahrt besitzt.

Die Wallfahrt vom Herbst 1810 wurde für Bischof Mannay in mehrfacher Hinsicht ein voller Erfolg: Die Bevölkerung strömte in weit größerer Zahl als erwartet (ca. 220.000 Pilger),

vor allem von außerhalb des Bistums kamen mehr Menschen als ursprünglich kalkuliert. Zudem blieb trotz des riesigen Andrangs die versprochene Ruhe und Ordnung gewährleistet, was die Kirche gegenüber den staatlichen Stellen als wertvollen und verlässlichen Partner auswies. Schließlich setzte sich das klerikal-hierarchische Ordnungsmodell nun auch bei den Wallfahrten durch, was zwar die Bischöfe der Frühen Neuzeit in Trier und anderenorts immer wieder gewollt, aber nur teilweise erfolgreich realisiert hatten. Mit Blick auf die weiteren Heilig-Rock-Wallfahrten des 19. und 20. Jahrhunderts gilt: Mit der Wallfahrt von 1810 war ein Muster geschaffen worden.

UMSTRITTENER TRIUMPH – DER „KREUZZUG DER MASSEN" 1844

Unter den drei Wallfahrten des 19. Jahrhunderts war diejenige von 1844 die umstrittenste. Umfang und Schärfe der zeitgenössischen Diskussion und Polemik sind das eine Moment, das diese Charakterisierung als sinnvoll erscheinen lässt. Die Tatsache, dass sich im Zusammenhang mit ihr einige Zehntausend Katholiken von der Kirche trennten, um eine neue „Kirche" zu bilden („Deutschkatholiken"), ist das zweite rechtfertigende Moment für diese Feststellung. Die Heilig-Rock-Wallfahrt von 1844 war das größte Massenereignis in Deutschland in der ersten Hälfte des 19. Jahrhunderts vor den revolutionären Ereignissen des Jahres 1848.

Als Bischof Wilhelm Arnoldi (1842–1864) am 18. August 1844 im Trierer Dom die Heilig-Rock-Wallfahrt eröffnete, war das angesichts der kirchenpolitischen Ereignisse der Vorjahre und der innerkirchlichen Situation eine Aufsehen erregende Tat. Nur wenige Jahre waren vergangen, seitdem der preußi-

Andenkenbild
an die Heilig-
Rock-Wall-
fahrt 1844

Andenkenbild an die Heilig-Rock-Wallfahrt 1844

sche König dem vom Trierer Domkapitel gewählten Wilhelm Arnoldi seine Anerkennung als Bischof versagt hatte und seit in Köln und Posen Erzbischöfe gefangen genommen wurden, weil sie sich massivem staatlichem Druck in der kirchlichen Behandlung von Mischehen widersetzt hatten. Mühsam nur hatte ein Kompromiss ausgehandelt werden können, der Arnoldi 1842 bei einer neuen Bischofswahl doch noch auf den Trierer Bischofsstuhl brachte.

Innerkirchlich befand man sich seit rund einem Jahrzehnt im Rheinland in einem Umbruch, der von jenen Kräften vorangetrieben wurde, die – gestützt auf die Autorität des Papstes – einen strikteren Kurs gegenüber den staatlichen Aufsichtsan-

sprüchen im religiösen Bereich, eine schärfere konfessionelle Abgrenzung und eine Abkehr von allen aufklärerischen Gedanken auch im Bereich der Frömmigkeitspraxis verlangten. Für diese so genannten ultramontanen Katholiken aber waren Wallfahrten ein wichtiger Teil des Programms, weil sie für eine alte voraufklärerische Tradition standen und eine öffentliche Demonstration katholischen Glaubensbewusstseins darstellten. Den anfänglich elitären ultramontanen Kreisen eröffnete sich mit ihrer Förderung von Wallfahrten, Marien- und Heiligenverehrung und den Bruderschaften zugleich ein Weg zur Masse der Gläubigen, die in beachtlichem Maß gegen die aufklärerischen Tendenzen unter den rheinischen Bischöfen und Klerikern an diesen überkommenen Formen katholischer Frömmigkeit festgehalten hatten.

Bischof Arnoldi hatte den Plan für die Heilig-Rock-Ausstellung unter nicht mehr im Einzelnen zu erhellenden Umständen gefasst, davon die preußische Regierung nur in Kenntnis gesetzt und so ziemlich klar zum Ausdruck gebracht, dass er diese Wallfahrt in kirchlicher Regie durchzuführen gedachte. Die preußische Regierung reagierte verschnupft, sprach Arnoldi eine Rüge aus, weil er die Wallfahrt nicht förmlich zur Genehmigung vorgelegt hatte, machte ansonsten aber gute Miene zu diesem Spiel, denn einen neuen Konflikt mit der Kirche wollte man nicht riskieren. Vorlage für den genauen Wallfahrtsplan war die Ordnung von 1810, die auch der Regierung genehm war. Dieses Mal war allerdings die längste bisherige Ausstellungsdauer vorgesehen: volle sechs Wochen sollte die Wallfahrt dauern. Jede Pfarrei des Bistums erhielt zwei Termine zugewiesen, an denen wahlweise die Pfarrangehörigen in geordneter Prozession nach Trier kommen konnten. Die restlichen Termine blieben den Prozessionen aus auswärtigen Diözesen vorbehalten. Ein Wallfahrtsbüro koordinierte die Prozessionen und gab den Klerikern als Prozessionsleitern „Eintrittskarten" mit der exakten Uhrzeit für den Einzug in den Dom. Den Pfarrern wurde von der Bistumsleitung nahe gelegt, den Pfarrangehörigen vor Beginn der Prozessionen „ein besonders stilles und eingezogenes Betragen während der Wallfahrt und die vollkommenste Unterwerfung unter die betreffenden Anordnungen" zu vermitteln. Der Wallfahrtsordnung haftet für den heutigen Beobachter unzweifelhaft ein dirigistischer Zug an. Alles ging von oben nach unten.

Nach der Eröffnung am 18. August zog sich die Wallfahrt bis in den Oktober hinein, denn wegen des Andrangs an Pilgern gerade von außerhalb des Bistums Trier war sie um eine Woche verlängert worden. In dieser Zeit fand sich eine unerwartet große Anzahl von Pilgern ein. Hatte man vorher mit 150.000 Teilnehmern aus dem Bistum selbst und einigen wenigen Tausend auswärtigen Pilgern gerechnet, so waren es am Ende deutlich über 500.000 (eher 650.000–700.000), wenn auch die Marke von einer Million – die seit 1844 immer wieder genannt wurde – sicherlich ebenso deutlich verfehlt wurde. Die Herkunftsorte der Pilger erweisen neben der unmittelbaren Umgebung Triers eindeutig Saar/Saargau und die vordere Eifel als räumliche Schwerpunkte der Wallfahrt, gefolgt von der Mittelmosel, während die Untermosel, die Rheingegend und der Rhein-Naheraum deutlich unterrepräsentiert waren. Im Hinblick auf die Pilger aus auswärtigen Diözesen hatte das damalige Apostolische Vikariat Luxemburg die meisten Pilger in Trier aufzuweisen. Nach Luxemburg stellten die deutschen Nachbarbistümer die größten Pilgerkontingente, wobei die Haltung der jeweiligen Bistumsleitungen die Zahl wesentlich beeinflusst zu haben scheint (positiv im Fall Speyers, negativ im Fall Mainz). Unter den französischen Bistümern, deren Diözesanangehörige in Trier nachzuweisen sind, ragt das Bistum Metz

mit etwa 15.000 Pilgern heraus, während Nancy und Verdun nur kleinere Kontingente aufweisen. Auch aus anderen Teilen Frankreichs sowie aus Belgien sollen zusammen einige Tausend Pilger in Trier gewesen sein. Einzelne Pilger oder kleinere Gruppen fanden sogar aus Böhmen, Holland oder Irland den Weg nach Trier.

Kolorierte Federlithograhie zur Wallfahrt 1844

Das erkennbare Übergewicht der bäuerlichen Bevölkerung (Winzer inbegriffen) und des städtischen Handwerks unter den Pilgern entsprach der Wirtschaftsstruktur im Bistum Trier, aus dem das Gros der Wallfahrer stammte. Dass unter den Pilgern auch der Adel vertreten war, ist verschiedentlich belegt. Ebenso ist eine große Beteiligung der Bergarbeiter aus den Kohlegruben an der Saar nachzuweisen. Unsicher und in der Forschung kontrovers diskutiert ist, ob das Besitz- und Bildungsbürgertum entsprechend seinem Anteil an der Bevölkerung unter den Pilgern vertreten war oder nicht. Klar ist hingegen, dass der Klerus in großer Zahl in Trier war, und zwar keineswegs nur der Bistumsklerus. Aufsehen erregte vor allem die sehr große Beteiligung des höheren Klerus. Allein elf Bischöfe

August Gustav Lasinsky, Heilig-Rock-Wallfahrt 1844, Ölgemälde 1847, Stadtmuseum Simeonstift

waren während der Feierlichkeiten in Trier zugegen, vor allem aus dem Rheinland und Westfalen. Das Ausland war mit den Bischöfen von Lüttich, Metz, Nancy und Verdun sowie den Apostolischen Vikaren von Leiden und Luxemburg vertreten. Die Wallfahrt nach Trier nahm so zeitweilig Züge einer rheinisch-westfälischen Bischofsversammlung und einer Demonstration kirchlicher Einigkeit an.

Die Öffentlichkeit im In- und Ausland nahm regen Anteil an den Ereignissen in Trier. Eine nie zuvor erreichte publizistische Debatte tobte, bei der Joseph Görres – der damals bekannteste katholische Publizist – an der Spitze der Wallfahrtsbefürworter kämpfte.

„Alte Straßen und Wege bedecken sich mit Feierzügen; die Fahnen wehen, es ist, als sei das Jubelfest des Jahrhunderts herangekommen. Der Morgen einer großen Fronleichnamsfeier ist über Wald und Auen aufgegangen; die Scharen der Völker drängen sich heran; Masse auf Masse eilt demselben Ziele zu, um in einem kurzen Augenblicke langer Mühsal Lohn zu suchen. […] Während sie daher [die Kritiker] schweigend und nachdenklich da gestanden […], haben die rheinischen Völker nicht bloß die Gottesfahrt vollzogen, sondern der Sache zum Segen und sich zum Heile ganz untadelhaft sie zum Ende geführt, und also, so viel an ihnen gewesen, die große providentielle Fügung mit erfüllen helfen. […] Sie haben sich an den Webstuhl hingesetzt, und haben das Gewand im Volke weiter fortgewoben. Der Faden der Eintracht und die Liebe ist von einem zum anderen emsig hingefahren und hat sie alle in eine Webe geknüpft; […] Die rheinischen Völker sollen nun immerfort der Mission gedenken, die ihnen geworden ist, indem diese Macht ihr Banner in ihrer Mitte ausgestellt. Sie müssen dabei sich immerfort vor Augen halten, daß ihr Ruf vor der Hand nicht lautet auf alt oder neu, oder auch schlechtweg katholisch oder protestantisch, sondern Konservation oder Destruktion, Brauch oder Missbrauch [,...] Leben oder Tod, Gott oder Teufel." – *Joseph von Görres, Die Wallfahrt nach Trier (1845), S. 149–152*

Galt die Wallfahrt den einen als friedliche, eine gute Zukunft verheißende Massenbewegung, als Wiederbelebung wahren religiösen Lebens, deren Macht sich allerdings in Beschreibungen als Kreuzzug und Völkerwanderung spiegelt, so rief sie schärfste Ablehnung auf der Gegenseite hervor, wo man Aberglaube und Fanatismus witterte.

„Was eine Zeitlang wie Fabel, wie Märe an unser Ohr geklungen, daß der Bischof Arnoldi von Trier ein Kleidungsstück, genannt der Rock Christi, zu Verehrung und religiöser Schau ausgestellt, ... Ihr wißt es, deutsche Männer ... Fünfmalhunderttausend verständige Deutsche sind schon zu einem Kleidungsstücke nach Trier geeilt, um dasselbe zu verehren oder zu sehen! Die meisten dieser Tausende sind aus den niederen Volksklassen, ohnehin in großer Armut, gedrückt, unwissend, stumpf, abergläubisch und zum Teil entartet, und nun entschlagen sie sich der Bebauung ihrer Felder, entziehen sich ihrem Gewerbe, der Sorge für ihr Hauswesen, der Erziehung ihrer Kinder, um nach Trier zu reisen zu einem Götzenfeste, zu einem unwürdigen Schauspiele, das die römische Hierarchie aufführen läßt ... Sind diese äußeren Nachteile schon groß, sehr groß, so sind die moralischen noch weit größer. [...] Endlich wird durch dieses ganz unchristliche Schauspiel dem Aberglauben, der Werkheiligkeit, dem Fanatismus und was damit verbunden ist, der Lasterhaftigkeit Tor und Angel geöffnet." – *Johannes Ronge, Sendschreiben an Bischof Arnoldi 1844, in: Heil.-Rock-Album, 1844, S. 63–68*

Obwohl katholischer Priester, lautete Ronges Konsequenz: Eine neue, wahre katholische Kirche muss entstehen, die sol-

chen Aberglauben nicht kennt. So wurde die Heilig-Rock-Wallfahrt von 1844 nicht zum Symbol der Einheit, sondern der Spaltung, denn Ronge schuf die Bewegung des Deutschkatholizismus, die für einige Jahre beachtliche Erfolge errang. In der Heilig-Rock-Wallfahrt von 1844 konzentrierten und manifestierten sich demnach wie in einem Brennglas eine Vielzahl von Entwicklungen auf dem Gebiet von Frömmigkeit und (Kirchen)Politik. In vielem verweist sie bereits auf Tendenzen, die erst in der zweiten Hälfte des 19. Jahrhunderts voll wirksam wurden.

EIN GEWAND FÜR DIE ARMEN UND EINE DEMONSTRATION DER STÄRKE – DIE WALLFAHRT VON 1891

Die Wallfahrt von 1891 stand im Zeichen eines deutschen Katholizismus, der erst wenige Jahre zuvor eine seiner größten Bewährungsproben erlitten hatte. Im so genannten Kulturkampf waren im neu geschaffenen Reich (1871) die Kirche, die kirchlichen Organisationen wie auch die der Kirche nahe stehenden politischen Kräfte massiv bekämpft worden, und es hatte sich eine staatliche Repression gegenüber dem Katholizismus etabliert. Sie war zwar in formal korrekte Gesetzesform gekleidet und wollte angeblich auch nur übersteigerten katholischen Ansprüchen wehren. Beim antikatholischen Bündnis Bismarcks mit den liberalen Kräften lief es faktisch jedoch darauf hinaus, die zwischenzeitlich geringer gewordene Dominanz des Staates einerseits zu erneuern und andererseits die Kirche im gesellschaftlichen Leben zurückzudrängen im Namen einer anderen bürgerlich-liberalen Weltanschauung. Trotz der am Ende nötigen Zugeständnisse der Kirche an den Staat und trotz des Fortbestands einzelner Kulturkampfgesetze (Verbot politischer Predigten; Pflicht zur Zivilehe vor der kirchlichen Trauung auch in Preußen; Ausweisung der Jesuiten) hatte Bismarck wegen des beachtlichen Widerstandspotentials sein zentrales Ziel verfehlt, den politischen Katholizismus auszuschalten und den Katholizismus zu marginalisieren. Das Bewusstsein, von Feinden umringt zu sein, aber auch ein kämpferisches Selbstbewusstsein angesichts der bewiesenen Durchhaltekraft und politischen Bedeutung blieben über das Ende der Kulturkampfzeit (1886/87) bestehen.

In dieser Stimmung hatte man 1887 auch in Trier den Katholikentag gefeiert, nach 1865 der zweite in der Bistumsstadt. Hier richtete der Luxemburger Bischof Johann Joseph Koppes (1883–1918) in einer öffentlichen Versammlung die Bitte an den anwesenden Trierer Bischof Michael Felix Korum (1881–1921), „er möge das herrliche Kleinod, welches Trier besitze, den ungenähten Rock unseres Heilandes, recht bald den Katholiken zur andächtigen Verehrung ausstellen". Obwohl freundschaftlich mit Koppes verbunden, war der anscheinend überraschte Bischof Korum in seiner Antwort zögerlich geblieben, dennoch aber steuerte alles in der kommenden Zeit auf eine neue Heilig-Rock-Ausstellung hin, immerhin waren auch schon weit über 40 Jahre seit der letzten vergangen. Mit einer umfangreichen Darstellung zur Trierer Heilig-Rock-Tradition (Stephan Beissel) und einer Untersuchung der Reliquie selbst, die einer umfangreichen Restaurierung unterzogen wurde, bereitete man die Ausstellung vor. So wurde am 1. Juni 1891 eine Wallfahrtszeit von sechs Wochen ab Ende August angekündigt. Um den 1844 so heftig geführten Debatten um die Echtheit der Reliquie schon im Vorfeld die Schärfe zu nehmen, betonte Bischof Korum in seiner Ankündigung, dass diese Frage kein Dogma sei, die alte Trierer Tradition aber Achtung beanspruchen dürfe. Im Übrigen stehe Jesus Christus

Heilig-Rock-Wallfahrt 1891, Anrühren von Rosenkränzen

selbst und nicht sein Kleid im Mittelpunkt. Zudem hatte man sich durch das Buch von Beissel, ein weiteres des bischöflichen Geheimsekretärs Christoph Willems und die erwähnten Untersuchungen für mögliche kommende Angriffe gewappnet, die dann auch tatsächlich nicht ausblieben.

Den Angriffen zum Trotz überstieg die Wallfahrt in ihrer Resonanz alle Erwartungen. Annähernd 2 Millionen Menschen zogen binnen 44 Tagen im Dom an der Tunika vorbei, die auf der Empore im Ostchor des Doms aufgestellt war. Bis zu 74.000 waren es an einem einzigen Tag. Wegen der außerordentlich zahlreichen Massen blieb der Dom täglich zwischen 16 und 20 Stunden für die Pilger geöffnet. Als erste gelangten stets die Kranken in den Dom, wo sie auch den Heiligen Rock anrühren durften. Weil Trier inzwischen gut in das Eisenbahnnetz eingebunden war, konnten nicht nur so viele Menschen nach Trier kommen wie nie zuvor, sondern auch aus so vielen Ländern. Selbst aus Übersee waren Pilger angereist, was der Wallfahrt eine auch von der Presse wahrgenommene nationale Grenzen überschreitende Ausrichtung verlieh, die einzelne Kommentare von einer „Friedensdemonstration" sprechen ließ.

„Man muß gestehen, daß die Pilgerfahrt nach Trier – abgesehen von unserer Weltausstellung – die glänzendste Friedensdemonstration unserer Zeit gewesen ist. Deutsche, Lothringer, Elsässer, Luxemburger, Franzosen und Belgier [...] haben miteinander gewetteifert in Frömmigkeit, religiösem Eifer und herzlicher Eintracht. Nicht der geringste Zwischenfall war zu konstatieren. Alle nationalen Zwistigkeiten und Parteiungen, alle Rivalitäten waren vergessen. [...] Das Gefühl des gemeinsamen Glaubens schnitt jede Zwietracht ab." – *Le Figaro 6. Okt. 1891; zitiert nach Persch, in: Geschichte des Bistums Trier Bd. V, S. 724/725*

Mitten in einer zunehmend militaristischen, nationalistischen und imperialistischen Epoche waren solche Worte eine besonders bemerkenswerte Feststellung.

Innerkirchlich und im nationalen Kontext stand die Masse der Pilger wie auch die Tatsache, dass praktisch alle deutschen Bischöfe den Weg nach Trier gefunden hatten, als Sinnbild für die äußere Geschlossenheit der katholischen Phalanx. 2 Millionen Pilger waren auch ein Signal in den politischen Raum hinein: Die Kirche hatte ihre Mobilisierungskraft erneut spektakulär bewiesen und so gezeigt, dass mit dem Katholizismus auch nach dem Kulturkampf weiter zu rechnen war. Die sehr rege Teilnahme der sich allmählich auch organisatorisch festigenden katholischen Arbeiter- und Bergarbeiterschaft machte schließlich auch den Anspruch sichtbar, bei der Lösung der so genannten sozialen Frage, der Frage der Integration der inzwi-

schen ungeheuer gewachsenen Arbeiterschaft und der Beseitigung von deren existentieller Not, einen wesentlichen Beitrag leisten zu können und zu wollen. Das Jahr 1891 brachte schließlich auch die erste päpstliche Sozialenzyklika hervor. Die Wallfahrt hatte aber auch demonstriert, wie die Kirche ihren eigenen Weg beschreiten wollte, und zwar gezielt mit den Mitteln der Moderne (Eisenbahn; Kommunikationsmittel), der man an sich mehrheitlich kritisch bis ablehnend gegenüber stand. Es war zwar ein Zufall, wenn die Heilig-Rock-Ausstellung ein Pendant in der Pariser Weltausstellung hatte, aber zugleich war dies ein symbolisches Geschehen, feierten bürgerlich-liberale Kreise die Weltausstellung mit dem neuen Pariser Eiffelturm doch gleichsam als eine Wallfahrt im Zeichen von Fortschritt und Wissenschaft.

Devotionalie zur Wallfahrt 1891

EIN INTERNATIONALES GLAUBENS-FEST IM ZEICHEN DES KONKORDA-TES IN EINER ZEIT DER ILLUSIONEN – 1933

Der entscheidende Anstoß zur Trierer Heilig-Rock-Wallfahrt im Jahr 1933 kam von außen. In Rom hatte Papst Pius XI. im Gedenken an die Kreuzigung Jesu 1.900 Jahre zuvor ein Jubiläumsjahr ausgerufen. Er verband dies mit der Aufforderung, im Jubiläumsjahr an Orten mit Herrenreliquien diese besonders intensiv zu verehren. Was lag in Trier näher als eine weitere Heilig-Rock-Ausstellung, rund 40 Jahre nach der letzten! Nur wenige Wochen nach dem päpstlichen Appell kündigte Bischof Franz Rudolf Bornewasser (1922–1951) dann tatsächlich eine solche an, ohne am 25. Januar 1933 zu ahnen, wie dramatisch sich die Situation in Deutschland bis zum vorgesehenen Zeitpunkt der Wallfahrt, 23. Juli bis 3. bzw. 10. September, verändern würde.

Zeitgleich mit den Nachrichten über die so genannte Machtergreifung der Nationalsozialisten am 30. Januar 1933 erfuhren die Menschen im Trierer Land von der geplanten Heilig-Rock-Wallfahrt, die der Bischof an eben diesem Tage im „Kirchlichen Amtsanzeiger" öffentlich bekannt machte. Je nach Ausrichtung der Zeitung stand in den Trierer Blättern die eine oder die andere Nachricht im Brennpunkt. Für die katholische Presse Triers war der Heilige Rock eindeutig wichtiger als Hitlers Ernennung zum Reichskanzler.

Ende Juli, als die Wallfahrt begann, hatten sich die Nationalsozialisten in Deutschland mit Gewalt, Drohungen und Versprechungen schon fest etabliert. Nur drei Tage vor dem Tag der Eröffnung der Wallfahrt war in Rom ein Konkordat zwischen dem von Adolf Hitler geführten Deutschen Reich und

Papst Pius XI. geschlossen worden. Hofften die Kurie und die deutschen Bischöfe auf eine vertraglich garantierte Sicherung der Kirche, ihrer Organisationen und ihrer Seelsorge, so feierten es die Nationalsozialisten als Anerkennung ihres Regimes durch die höchste moralische Instanz. Nicht wenige gaben sich der Illusion hin, auf dieser Basis sei ein Auskommen von Kirche und Katholiken mit dem „neuen Deutschland" möglich. Etwas von dieser Stimmung spiegeln die Bilder dieser Wallfahrt wider: uniformierte Nationalsozialisten, die auf dem Domfreihof Ordnungsdienste leisten; eine SA-Kapelle, die zu Ehren des Heiligen Rockes aufspielt; höchste Repräsentanten des Staates, die in SS- oder Parteiuniform von geistlichen Würdenträgern begleitet in den Dom einziehen.

Diese Stimmung atmet auch das Grußtelegramm, das aus Trier am Eröffnungstag nach Berlin an Reichskanzler Hitler gerichtet wurde. Es ist von Vizekanzler Papen (an erster Stelle) und Bischof Bornewasser unterzeichnet:

Heilig-Rock-Wallfahrt 1933: Eine SA-Kapelle spielt auf

„Heute hat in Deutschlands ältestem Dome zu Trier in meiner und des Vertreters Preußens Anwesenheit und in Anwesenheit aller Staatsbehörden durch den Herrn Kardinal von Köln die Eröffnung der Ausstellung des Hl. Rockes Christi stattgefunden. Anläßlich dieser Feier versichern wir den Führer, der die christliche, nationale und soziale Grundlage des neuen Staates wiederherzustellen bemüht ist, unserer unverbrüchlichen Mitarbeit am Neubau des Deutschen Reiches." – *zitiert nach Bohr, in: Der Heilige Rock, S. 358*

Konkordat und Wallfahrt wurden gerade zu Beginn immer wieder miteinander verbunden, und genauso regelmäßig unterstrichen Redner und Kommentatoren die Hoffnung auf eine gedeihliche Zusammenarbeit von Staat und Kirche, die sie in der Anwesenheit staatlicher Repräsentanten bei der Wallfahrt symbolisiert sahen.

„Durch die Teilnahme der Reichsregierung wurde die Eröffnungsfeier zu einer ersten großen äußeren Bekundung und Besiegelung des eben geschlossenen Vertrages zwischen Kirche und Staat." – *Brief des Wallfahrtsleiters an Oberbürgermeister Dr. Weitz, 7.8.1933; zitiert nach Bohr, in: Der Heilige Rock, S. 364*

Die Heilig-Rock-Wallfahrt auf diese Dimension zu verkürzen, hieße allerdings, das Geschehen nur eindimensional wahrzunehmen. So bedeutsam die Präsenz einiger Nationalsozialisten symbolisch war, sie bestimmte nicht den Ablauf der Wallfahrt. Die Masse gläubig gespannter und ergriffener Menschen prägte das Bild im Dom und auf dem Domfreihof weit mehr als die kleine Schar Uniformierter. Für manche katholische Organisationen (kirchliche Jugend) gerieten sie dennoch zum Ärgernis. Bischof Bornewasser spielte in seinen vorbereitenden Texten und in seinen Ansprachen am Beginn und Schluss der Wallfahrt mit keinem Wort auf ein Arrangement mit

den Nationalsozialisten an, dem die Wallfahrt den Weg bereiten sollte. Solche Stimmen fehlten zwar auch im Trierer Klerus
im Umfeld der Wallfahrt nicht, der Bischof selbst aber erklärt in
einem der Heilig-Rock-Ausstellung gewidmeten Hirtenbrief,
Christi Leiden zu gedenken und sich im Angesicht seines Gewandes seiner Nachfolge würdig zu erweisen, sei der tiefste
Sinn des Vorhabens. Der Gesamtduktus des Hirtenbriefes
spricht im Übrigen sehr deutlich für die Überzeugung Bornewassers, es sei seit den Zeiten der Kaisermutter Helena in Trier
das wirkliche Gewand Jesu vorhanden, das die Pilger nun bald
sehen könnten.

Durch drei Wallfahrtsleiter (Weihbischof Fuchs, Direktor Heinrich, Subregens Prof. Lenz) und sechs Ausschüsse (für Gottesdienst, Kranke, Kunst, Presse, Verkehr, Finanzen) wurde die
Ausstellung in Verbindung mit zahlreichen kommunalen und
staatlichen Behörden vorbereitet. Die Pilger konnten kommen,
und sie kamen in großer Zahl, sogar nochmals mehr als 1891.
Es waren jetzt etwas mehr als 2 Millionen unterwegs nach

Höchste Repräsentanten des Staates, in SS- und Parteiuniform,
werden von geistlichen Würdenträgern in den Dom begleitet

Trier, vermehrt auch schon mit einzelnen Autos und vielen Bussen. Dazu waren 1.000 Sonderzüge im Einsatz. Die Mehrheit der Pilger stammte mit insgesamt über einer Million Menschen aus dem Bistum Trier selbst, so dass rein rechnerisch zwei Drittel der 1,5 Millionen Katholiken des Bistums 1933 den Heiligen Rock gesehen haben. Die Zahl von rund einer Million Menschen, die von außerhalb des Bistums zum Heiligen Rock pilgerten, macht eindrucksvoll deutlich, welche Ausstrahlung dieses Ereignis hatte. Es war kein stadttrierisches, nicht einmal ein nationales Ereignis, sondern mehr als je zuvor ein internationales Glaubensfest. Darauf hatte Bischof Bornewasser schon in der Festpredigt bei der Enthüllung des Heiligen Rockes hingewiesen, wollte er doch die Tunika für alle Nationen ausstellen, um die Einheit unter den christlichen Völkern zu fördern. Eigens hatte man im westeuropäischen Ausland dafür geworben und dort „Berge von Vorurteilen" beseitigt. Ange-

Pfadfinder, Geistliche und SA-Leute bei der Heilig-Rock-Wallfahrt 1933

sichts der weiteren Entwicklung in Deutschland wird man in den im Ausland artikulierten Vorbehalten allerdings weniger Vorurteile (so der damalige Beauftragte Bornewassers für die Auslandswerbung, Dr. Jakob Lemmer), als berechtigte Ängste erblicken. Für die Wallfahrtszeit ging immerhin die Hoffnung auf Einheit unter den christlichen Völkern in Erfüllung. Der Organisator vieler lothringischer Pilgerzüge rühmte: „Trier feierte eine Friedensmission für die Völkerversöhnung." Im politischen Alltag ging dieses Signal rasch unter, und der schreckliche Krieg sah Vernichtung statt Versöhnung. Nicht weniger rasch verflüchtigte sich der Anschein eines guten Einvernehmens von Kirche und nationalsozialistischem Deutschland. Spätestens 1935 war die Zeit der Illusionen vorbei, auch wenn nicht wenige es noch nicht merkten.

1959: JESUS CHRISTUS IST DER HERR – DAS KONZIL BEGANN IN TRIER

Die dunkle Zeit der nationalsozialistischen Herrschaft brachte mit dem Ausbruch des II. Weltkriegs auch wieder den Zwang, die wertvolle Reliquie vor möglichen Kriegsfolgen zu schützen. Wieder einmal wurde der Heilige Rock geflüchtet. Er überdauerte den größten Teil des Krieges in Limburg/Lahn, kehrte von dort im Herbst 1944 nach Trier zurück, wo er im Dombunker (am Nordostturm bei der Ostkrypta) vergraben wurde. So geschützt überstand er die Bombardierung und den Brand des Trierer Domes unbeschadet. Die Nachkriegszeit mit ihren Nöten, der zerstörten Infrastruktur, der Besatzung ließ keinen Gedanken an eine neue Wallfahrtszeit zu. Erst an der Jahreswende 1957/58 brach er sich machtvoll Bahn, ausgesprochen vom Trierer Bischof Matthias Wehr (1952–1967) in seiner Silvesterpredigt. Den genauen Hintergrund für seinen Entschluss, eine

Plakette zur Wallfahrt 1959

Herrenwallfahrt unter dem Motto „Jesus Christus ist der Herr"
im Jahr 1959 auszurufen, kennen wir nicht. Mag es die voll-
ständige Rückkehr der saarländischen Heimat des Bischofs in
die Bundesrepublik sein, die sich aus der Abstimmung 1957 er-
gab und die wirtschaftlich 1959 vollzogen wurde. Mag es die
Spaltung Deutschlands sein, die immer klarer und immer fester
wurde, der man mit dem Heiligen Rock ein Einheitssymbol ent-
gegenstellen konnte. Schließlich ist nicht zu übersehen, dass in
den ausgehenden 50er Jahren mit dem glänzenden deutschen
Wirtschaftswunder und den materiellen Genüssen, die sich
den Menschen nun wieder boten, eine Problematik auftrat, die
in diversen Texten im Vorfeld immer wieder angesprochen
wurde: Materialismus statt Christusnachfolge. So gesehen
konnte eine Wallfahrt zum Heiligen Rock ein Mittel der außer-
ordentlichen Seelsorge sein, um den Menschen ein religiöses
Ziel statt eines materiellen sichtbar vor Augen zu stellen.

Bischof Korum hatte 1887 erklärt, der Heilige Rock sei regelmäßig im Vor- oder Umfeld großer, historisch bedeutsamer Ereignisse gezeigt worden (1512: Reformation; 1655: 30jähriger Krieg; 1810: Französische Revolution; 1844: Revolution von 1848). Diesen Gedanken griff Papst Johannes XXIII. auf, und zwar in seinem Grußwort zum alljährlich im Frühjahr gefeierten Heilig Rock-Fest. Er bezog die Heilig-Rock-Wallfahrt von 1959 auf das von ihm nur wenige Monate zuvor (25.01. 1959) angekündigte II. Vatikanische Konzil (1962– 1965).

„Die Annalen Eurer Geschichte halten das Gedächtnis daran fest, daß nicht selten zur selben Zeit, da der Heilige Rock den Augen des christlichen Volkes zum verehrenden Schauen enthüllt war, große Ereignisse eintraten. Das trifft auch dieses Mal in glückverheißender Weise zu. Wir haben nämlich beschlossen, ein allgemeines Konzil anzukündigen, das unter dem Beistand des Heiligen Geistes in naher Zukunft zusammentreten soll. Damit möchte die eine, heilige, katholische Kirche gleichsam ein Banner aufrichten und mit machtvoller Stimme alle jene herbeirufen, […] die […] durch die Ungunst der Zeiten von ihr getrennt sind." – *Text nach Persch, in: Der Heilige Rock, S. 441*

Noch vor der Eröffnung der Heilig-Rock-Ausstellung waren damit weitere Motive hinzugekommen, die in Trier ursprünglich nicht im Blick waren: die Ökumene, die Einheit der getrennten christlichen Konfessionen und das Konzil.

Vom Eröffnungstag, dem 19. Juli 1959, bis zum Abschluss der Wallfahrtszeit am 20. September strömten die Menschen in einem besonders sonnenreichen Sommer wieder in Scharen nach Trier. Es waren allerdings deutlich weniger als bei den beiden Wallfahrten zuvor, obwohl die Zahl von knapp 1,8 Millionen Pilgern sehr beachtlich ist. Sie blieb jedoch hinter ursprünglich in Trier gehegten Erwartungen von 3 Millionen Pilgern (der rheinland-pfälzische Ministerpräsident Peter Altmeier schrieb in einem Brief gar von 3,5 Millionen) erheblich zurück. Diejenigen, die kamen, hatten Gelegenheit, nicht nur den Heiligen Rock zu sehen, sondern sie konnten ein reiches Begleitprogramm erleben, das diverse Ausstellungen wie spezielle Theatervorführungen vorsah.

Im Mittelpunkt aber sollte Jesus Christus, der Herr stehen, weshalb man den Aspekt der Wallfahrt stark machte und das Moment der Ausstellung des Heiligen Rocks etwas zurücknahm. Das Motto war dem Philipperbrief entnommen (*Phil 2,11*). Unübersehbar war der Herr im Chor des Trierer Domes während der Wallfahrtszeit nicht nur symbolisch im Heiligen Rock, sondern bildlich dargestellt durch das riesige expressionistisch anmutende Christusbild des Trierer Künstlers Reinhard Hess, das hoch über dem Schaukasten mit der Reliquie hing. Stand der Heilige Rock für den auf Erden wirkenden Menschen Jesus aus Nazareth, so stand das Bild für den himmlisch erhöhten Herrn. Intensiver denn je hatten die Organisatoren im Vorfeld durch eine Vielzahl an Materialien und durch Vortragsveranstaltungen die Gestalt Jesu in den Mittelpunkt der kommenden Wallfahrt gerückt. Es war ein herrschaftlicher Christus, der Respekt und Gehorsam verlangte. Gemäß dem im Motto der Wallfahrt zitierten Philipperbrief war es der kosmische Herrscher über die ganze Welt. Bischof Wehr kontrastierte dies deutlich mit der Weigerung vieler Millionen Menschen, ihn als Herrn anzuerkennen. So gesehen waren die Wallfahrer, die nach Trier zogen, die gehorsame Gefolgschaft des Herrn. Das sah man auch in Rom so:

„Fromme Pilger strömten in großen Scharen dort zusammen und auffallende Früchte katholischer Frömmigkeit traten zutage; einer Frömmigkeit, deren Ziel es war, der Majestät Christi, des für uns gekreuzigten Königs, durch Anbetung und

Gefolgschaft zu huldigen" – *Johannes XXIII., Brief an die deutschen Bischöfe vom 29.11.1959; in: Karl Neimes, Kurtrier. Jahrbuch, 1998, S. 264*

Die Trierer Wallfahrt war tatsächlich eine Bekundung katholischer Frömmigkeit, eine Sache der evangelischen Christen war sie nicht. Schlugen die Wogen konfessioneller Polemik auch nicht mehr so hoch wie im 19. Jahrhundert, so fehlte es nicht an derber Kritik etwa seitens des Evangelischen Bundes. In Trier wurde die Wallfahrt sogar Anlass einer kleinen konfessionellen Krise in Gestalt einer Beschwerde des Superintendenten beim Trierer Bischof, weil er die von den Schulbehörden angeordnete Teilnahme aller Trierer Schulen an der Wallfahrt als unstatthafte Bedrückung evangelischer Schüler ansah. Ihr Christusbekenntnis benötige keine Wallfahrt, da die evangelischen Christen dieses „in anderer und gültigerer Weise ablegen" könnten, meinte der Superintendent nicht ohne Spitze.

Heilig-Rock-Ausstellung 1959

Prozession zur Heilig-Rock-Wallfahrt von 1959

Insgesamt waren die offiziellen Reaktionen von evangelischer Seite in Trier jedoch maßvoll, warnten sogar vor einer Missachtung der katholischen Glaubensbekundung bei der Wallfahrt.

Der Heilige Rock als Symbol für die Einheit der Christen, das hatte bei der Trierer Wallfahrt von 1959 noch keine praktisch ökumenischen Konsequenzen gezeitigt. Der Wunsch nach Einheit war freilich auch hier zu vernehmen. In dem kleinen Pilgergebet, das Johannes Wagner für die Wallfahrt verfasste, finden sich die zentralen Gedanken dieser Christuswallfahrt von 1959, auch der Einheitsgedanke, in prägnant verdichteter Form wieder:

„Jesus Christus, Heiland und Erlöser, erbarme dich über uns und über die ganze Welt. – Gedenke deiner Christenheit und führe zusammen, was getrennt ist. Amen."

Zukunftsweisend war die Trierer Wallfahrt im liturgischen Bereich. In gewisser Weise begann hier tatsächlich das Konzil. Liturgisch vorbildliche Gottesdienste feierte man im Freien auf dem Pontifikalplatz am Palastgarten unter einem damals futu-

ristisch anmutenden Zeltdach. Ungewöhnlich aktiv konnte sich für damalige liturgische Gegebenheiten das Volk an der Liturgie beteiligen. Einprägsam im österlichen Jubel klang das neu komponierte Trierer Halleluja (Hans Sabel) bei den Evangelienprozessionen aus dem Munde der vielen Menschen. Die in Trier anwesenden sechs Kardinäle, 82 Bischöfe und 18 Äbte konnten so manche neuen Eindrücke mitnehmen. Wie beeindruckend die Trierer Erfahrungen gewesen sein müssen, spiegelt sich in dem damals geprägten Wort des Bonner Liturgiewissenschaftlers Theodor Schnitzler: „Das Konzil beginnt in Trier."

1996: MIT JESUS CHRISTUS AUF DEM WEG – DIE WALLFAHRT UND DIE EINHEIT DER CHRISTEN

Angesichts des von manchen Experten als bedenklich angesehenen Zustandes des in Trier verehrten Gewandes war es nach 1959 fraglicher denn je, ob der Heilige Rock irgendwann einmal wieder für die Öffentlichkeit zu sehen sein würde. Außerdem durchlebten Gesellschaft wie Kirche nach der geschilderten letzten Demonstration des vorkonziliaren Katholizismus seit den 1960er Jahren in wachsendem Tempo einen gewaltigen Umbruch. Schon 1959 war der deutsche Katholizismus nicht mehr einfach ein einziger geschlossener Block. Anfänge einer Auflösung des so genannten katho-

Wallfahrtsmedaille 1996

lischen Milieus waren auch schon in den ausgehenden 1950er Jahren spürbar, auch im Bistum Trier. Dennoch wurde dieser Katholizismus im Gefolge der theologischen wie gesellschaftlichen Umbrüche ungleich vielfältiger, bildeten sich weit mehr unterschiedliche Strömungen aus. Im Sog dieser Vorgänge erlebten die Reliquienverehrung und die Wallfahrten als traditioneller Ausdruck katholischer Frömmigkeit eine Krise. Erst in den achtziger Jahren des vergangenen Jahrhunderts wuchs das Interesse wieder, auch bei jungen Menschen und sichtbar auch an den zahlreichen Wallfahrtsorten im Bistum Trier.

Womöglich waren es solche Hintergründe, die Bischof Hermann Josef Spital (1981–2000) mit zu dem Schritt veranlassten, in seiner Silvesterpredigt 1992 eine weitere Heilig-Rock-Wallfahrt anzukündigen. In seiner Predigt nannte der Bischof das nicht, sondern verwies auf die kriegerischen Konflikte (Krieg im ehemaligen Jugoslawien), die wachsende Gewalt im eigenen Land und den konziliaren Prozess für Gerechtigkeit, Frieden und Bewahrung der Schöpfung. Angesichts dessen sollten die Christen ein Zeichen der Hoffnung und des Friedens setzen in der Hinwendung zu Jesus Christus, der unser Friede sei. Die äußere Form dafür gebe die Bistumsgeschichte vor. Damit spielte Bischof Spital darauf an, dass 1996 genau 800 Jahre vergangen sein würden, seit der Heilige Rock im Dom in den Ostchor überführt wurde. Ein konkretes Motto formulierte er zwar („Christus ist unser Friede"), gab es aber nicht verbindlich vor, vielmehr entstand das endgültige Motto aus einem Ideenwettbewerb, der 1993 im Bistumsblatt Paulinus ausgerufen worden war. Papst Johannes Paul II. sah in dem neuen Motto „Mit Jesus Christus auf dem Weg" auch den Weg der Christenheit in das damals kurz bevorstehende neue Jahrtausend mitgedacht, wie er in seiner Botschaft zur Wallfahrt herausstellte.

Dr. Felix Genn als Wallfahrtsleiter und Wolfgang Meyer als Geschäftsführer bildeten die Spitze des Wallfahrtsbüros zur Vorbereitung dieser Bistumswallfahrt, denn das war zumindest offiziell das tragende Konzept, das sich auch in der Zuweisung bestimmter Tage der Wallfahrtszeit an die zehn Regionen des Bistums ablesen lässt. Zahlreiche vorbereitende Angebote fanden 1995/96 im Bistum statt, um die Bistumsangehörigen neben schriftlichen Informationen auf das kommende Ereignis einzustimmen. Von Anfang an mit im Blick: die Ökumene. Schon das ökumenische Hausgebet im Advent stand in Verbindung mit der Wallfahrt und genauso ein ökumenisches Symposion im April 1996.

In der vergleichsweise kurzen Wallfahrtszeit im Frühjahr (19. April bis 16. Mai), die mit Rücksicht auf das historische Datum der Überführung der Reliquie am 1. Mai 1196 gewählt worden war, kamen an den 28 Tagen nicht weniger als

683.000 Menschen, das waren rund 24.000 am Tag. Damit lag man nicht allzu weit unter dem 1959 erreichten Ergebnis (knapp 28.000), und das, obwohl sich die Kirchenbindung in diesen 40 Jahren doch wesentlich verschlechtert hatte. Auch der sehr große Medienzuspruch und das Ausmaß der Berichterstattung, die internationale Ausmaße annahm, signalisierten den (statistisch) messbaren Erfolg. Bei dieser Wallfahrt rückte der Heilige Rock im Übrigen noch näher an die Menschen heran, denn nun lag er ausgebreitet unter einer schützenden Glashülle im Mittelgang des Domes, direkt vor dem erhöhten Altarbereich.

Der vielleicht überraschendste Erfolg war auf dem ökumenischen Gebiet zu verzeichnen. Bis 1959 trennten die Heilig-Rock-Wallfahrten die Christen angesichts der massiven Vorbehalte auf protestantischer Seite gegenüber Wallfahrten einerseits und einer bei den Heilig-Rock-Ausstellungen lange deutlich spürbaren Tendenz zur Fokussierung auf das „materielle Gewand" auf katholischer Seite andererseits. Das gewandelte

Wallfahrt zum Heiligen Rock 1996

Heilig-Rock-Tage

ökumenische Verständnis und Verhältnis wie auch die überaus starken Bestrebungen von Bischof und Wallfahrtsleitung, das spirituelle Moment der Weggemeinschaft der Menschen mit Christus und nicht ein Stück Stoff in den Mittelpunkt zu rücken, schufen eine Brücke zwischen den Konfessionen. Nicht nur die genannten vorbereitenden Elemente weisen in diese Richtung. Täglich fand ein ökumenisches Gebet statt, erstmals gab es einen eigenen Tag der Ökumene (30. April), an dem sich immerhin 22.000 Menschen in Trier einfanden. Gemeinsam zogen Christen verschiedener christlicher Konfessionen an diesem Tag nach einem Eröffnungsgottesdienst in der protestantischen Erlöserkirche (Konstantin-Basilika) durch Trier zum Dom. Der Pfarrer dieser Kirche, Manfred Henke, lud offiziell zur Teilnahme an der Wallfahrt ein, und der Präses der Evangelischen Kirche des Rheinlandes, Peter Beier, dichtete eigens ein Pilgerlied. Welch ein Kontrast zum Geschehen von 1959!

Domfreihof bei der Wallfahrt 1996

PILGERLIED (Peter Beier)

„Wir wichen aus, Dein Wort hält stand.
Am Ende aller Wege
sind wir uns selber unbekannt,
wie Fremde fremd im eignen Land.
Den Segen auf uns lege.

Bring uns zurecht und nimm uns mit
vom Abend in den Morgen.
Du setzt das Maß für Tritt und Schritt,
hältst bei Dir fest, was uns entglitt,
wir brauchen nicht zu sorgen.

Gib Heil und Wohl den Menschen hier.
Mag sein, die Zeit geht böse.
Wir sammeln uns im alten Trier,
sind Bettler, bitten für und für:
vom Bösen uns erlöse.

Der Zwietracht Deiner Christenheit
setz Deine Lieb entgegen,
Herr Christ, und wehr
dem schlimmen Streit,
zieh an Dein Herz, was sich entzweit,
so stehen wir im Segen.

Noch würfeln wir um Dein Gewand
und reißen's doch in Teile.
Treib aus den Augen uns den Sand,
wir gehen ja an einer Hand,
Dein Tag, Herr, komm in Eile.

Wir ziehn hinauf zur Heil'gen Stadt,
schreib auf Dein Kreuz die Namen.
Brich uns das Brot, wir werden satt
von allem, was Dein Friede hat.
Hör uns und sprich das Amen."

Über die Wallfahrtzeit von 1996 hinaus wirkte und wirkt der Aufbruch im Bistum weiter in Gestalt der jährlich stattfindenden Heilig-Rock-Tage. Sie sind eine unmittelbare Frucht der Erfahrungen von 1996, bis in Details hinein, denn wenn 1996 das tägliche, jeweils unterschiedlich gestaltete Abendlob einen vorher nicht erwarteten großen Zuspruch fand, so hat sich dies bis heute fortgesetzt.

DIE HEIMSTÄTTEN DES HEILIGEN ROCKS IM TRIERER DOM

Ob überhaupt und wo das Gewand Jesu gegebenenfalls im ersten Jahrtausend in Trier aufbewahrt wurde, bleibt völlig ungeklärt. Das haben die voraufgegangenen Kapitel gezeigt. Vielleicht lag jene Kiste mit der Tuchreliquie, welche dann im 11. Jahrhundert die Agritius-Vita erwähnt, tatsächlich im Nikolausaltar des Westchores, wie die Geschichtsschreiber des 17. Jahrhunderts Jakob Masen und Christoph Brower behaupten. Gesichert ist es nicht. Sicher ist nur die Aufbewahrung ab 1196 im oder besser unter dem Hochaltar im neuen Ostchor des Domes. Hier blieb der Heilige Rock in gefaltetem Zustand bis zur ersten Zeigung im Jahr 1512 eingemauert und kehrte dorthin nach jeder Ausstellung zurück, bis im 17. Jahrhundert im Zuge der barocken Umgestaltung des Trierer Domes Pläne aufkamen, der kostbaren Reliquie ein würdigeres Zuhause zu bauen. Unter Karl Kaspar von der Leyen, der 1655 als Kurfürst-Erzbischof die Tunika wieder öffentlich zeigen ließ, begann man mit dem Bau einer eigenen Heilig-Rock-Kapelle im Dom, zu der auch ein Altar gehörte. Von diesem vom Kölner Künstler Hans Heinrich Neuß erarbeiteten Altar und Bau kennen wir allerdings keine Details. Karl Kaspar von der Leyens Neffe Johann

Lade mit dem Heiligen Rock in der Heiltumskammer

Hugo von Orsbeck nahm als neuer Kurfürst-Erzbischof (1676–1711) die Idee seines Onkels auf und vollendete das Projekt, wenn auch in völlig veränderter Form. So ist er mit Hilfe des Architekten und Bildhauers Johann Wolfgang Fröhlicher verantwortlich für die Gestaltung der noch heute vorhandenen Heilig-Rock-Kapelle, deren vorderer Teil 1699 vollendet wurde.

Dom und Liebfrauen

Mit ihrem charakteristischen runden Anbau an den Ostchor ist sie sowohl von außen als auch mit der Schaufassade im Kircheninneren gut sichtbar. Die wolkenumsäumte Öffnung in dieser Schaufassade lenkt den Blick des Besuchers gleich beim Betreten des Mittelgangs im Dom auf den Heiligen Rock. Allerdings war diese Öffnung nur zeitweise auch wirklich offen, eben bei besonderen Anlässen. Im 19. Jahrhundert wurde sie zugemauert. In Verbindung mit der großen Treppenanlage und der Tribüne vor dem Kapelleneingang waren architektonisch und künstlerisch seit dem beginnenden 17. Jahrhundert beste Voraussetzungen für eine Heilig-Rock-Wallfahrt im Dom gegeben, zu der es – wie geschildert – in der Praxis aber in diesem Jahrhundert nicht kam. Für die Heilig-Rock-Kapelle und den Heiligen Rock wurde um 1732 von Franz Thaddäus Lang ein großes silbernes Reliquiar geschaffen, auf das man durch die Sichtöffnung in der Schaufront der Heilig-Rock-Kapelle genau schaute. Tatsächlich ruhte die Reliquie jedoch nach wie vor wohl eher in jener mit Elfenbein geschmückten Kiste (Truhe), die 1512 als Aufbewahrungsort genannt wird. So war auch der häufige Ortswechsel im 17. und 18. Jahrhundert zwischen Trier und Ehrenbreitstein leichter. Das funktionslose große Silberreliquiar wurde 1794 eingeschmolzen, um die Verteidigung des Kurfürstentums Trier gegen die französischen Revolutionsarmeen zu finanzieren.

Im 19. Jahrhundert blieb der Heilige Rock außerhalb der Wallfahrtszeiten vermutlich in der Heilig-Rock-Kapelle. In Verbindung mit der Restaurierung von 1891 entstand ein neuer Schrein für die Reliquie, um sie nun endlich auseinandergefaltet und liegend aufbewahren zu können. Er wurde nun allerdings mitsamt der Reliquie nicht in der Heilig-Rock-Kapelle untergebracht, die um 1900 zum Tresor- und Ausstellungsraum für den Domschatz umfunktioniert wurde, sondern im Bereich

der heutigen Domschatzkammer aufbewahrt. Seit Abschluss der großen Domrenovierung 1974 beherbergt wieder die Kapelle jenen Schatz, für den sie eigens gebaut wurde. So ruht der Heilige Rock nun im Holzschrein von 1891, der seinerseits in einem „Glashaus" steht, um die klimatisch optimalen Bedingungen für den Erhalt des alten Gewandes schaffen zu können.

Heilig-Rock-Tage

Apostelgrab, Liegendfigur von 1487

Hubert Wachendorf OSB, Pilgerpfarrer

DIE WALLFAHRT ZUM HEILIGEN MATTHIAS

Seit mehr als 800 Jahren machen Pilgerinnen und Pilger den Weg zum Apostelheiligtum in Trier.

Im Unterschied zur „Heilig-Rock-Wallfahrt" handelt es sich bei der Matthiaswallfahrt um eine jährlich stattfindende Fußwallfahrt. Wer sich jährlich eine Wallfahrt vornimmt, kann sich dafür nur eine begrenzte Zeit „gönnen". Das hat auch eine Begrenzung der Kilometer zur Folge. Mehr als 200 km sind dann nicht „gehbar". Da man früher den Rückweg ebenfalls zu Fuß machen musste, konnten sich leicht an die 400 km ergeben. Auch heute machen viele Gruppen den Weg nach Hause zu Fuß. Von Ostern an bis in den Spätherbst kommen die Bruderschaften in unterschiedlicher Dichte in St.Matthias an.

Die mittelalterliche Wallfahrtstradition ist erstaunlich lebendig. Seit dem 12. Jahrhundert gibt es die Wallfahrt zum Heiligen Matthias. Sie setzte ein, als man beim Bau der Kirche in einem Grab die Gebeine des Apostels zu finden glaubte. Auf die sich schnell verbreitende Nachricht hin begannen Pilger aus der Umgebung der Abtei St.Vitus im heutigen Mönchengladbach mit der Wallfahrt zum Heiligen Matthias. Aus kleinen Anfängen wuchs nach und nach eine weitverzweigte Bewegung. Bruderschaften entstanden, in denen sich Pilgerinnen und Pilger zu festen Gemeinschaften zusammenfanden. Bis auf den heutigen Tag entstehen solche Bruderschaften. Über die Jahrhunderte hinweg gab es immer wieder Männer und Frauen, die nach Zeiten des Stillstandes wieder für Bewegung sorgten und die alte Tradition mit neuem Leben füllten.

Eine zweite „Welle" der Bruderschaftsgründungen hängt mit der sogenannten Gegenreformation zusammen. Endlich hatte die katholische Kirche erkannt, dass lebendiger Glaube lebendige Gemeinschaften braucht. Man erkannte den Wert solcher festen Gruppen für die Gesundung des kirchlichen Lebens. So kam es mancherorts zu ganz verschiedenen Bruderschaftsgründungen: Hospizbruderschaften etwa oder Schützenbruderschaften und Gebets- und Wallfahrtsbruderschaften.

Unzählige Menschen fanden darin eine geistliche Heimat, in der sie ihrem Glauben Ausdruck verleihen konnten.

Einige davon gliederten sich in die Matthiaswallfahrt ein. In dieser Epoche entstanden übrigens viele ähnliche Wallfahrten zu anderen Pilgerzielen, nicht nur in unserem Land.

Sarkophag mit den Überresten des Apostels Matthias, in der Krypta

Seit dem Beginn der Matthiaswallfahrt haben sich die Mönche der Abtei um die Pilger gekümmert. Die Gottesdienste mit den Wallfahrern gehörten ebenso dazu wie deren Betreuung und Bewirtung. Nach der Aufhebung des Klosters in den Jahren zwischen 1803 und 1922 haben die Pfarrer der neu errichteten Pfarrei diese Aufgaben wahrgenommen. Als die Abtei 1922 wieder von Mönchen aus Seckau und Maria-Laach besiedelt wurde, war es für sie selbstverständlich, die Betreuung der Pilger als einen der spezifischen Dienste der Abtei zu gestalten. Einer der Brüder ist als Pilgerpfarrer mit dieser Aufgabe betraut. Dazu zählt zunächst der Kontakt mit den Gruppen, während sie in Trier sind.

DIE PILGER

Pilger gibt es in allen Altersgruppen – Pilger kommen aus allen Bevölkerungsschichten. Es gibt Jugendwallfahrten, es gibt Schulwallfahrten, es gibt Familienwallfahrten (auch mit kleineren Kindern), und es bilden sich mittlerweile auch Seniorenwallfahrten. Vorherrschend aber ist das breite Feld der generationsübergreifenden Pilgergruppen. In ihnen finden Menschen trotz unterschiedlicher Herkunft und Lebensalters zusammen und spüren nach kurzer Zeit, was sie verbindet und welche Chancen sich auftun, wenn Menschen ihr Herz öffnen und den Austausch wagen. Die Unterschiede geraten in den Hintergrund und das „Du" wird meist auch nach der Wallfahrt beibehalten.

An die 140 Gruppen von Wallfahrern machen sich jährlich auf den Weg zum Heiligen Matthias. So entsteht ein dichtes und tragendes Netz persönlicher Beziehungen. Man wartet schon voll Spannung auf den Start der Wallfahrt im nächsten Jahr. Die Pilger kommen zum überwiegenden Teil aus den Bis-

Pilger ziehen in den Hof der Abtei

tümern Köln, Aachen und Trier. Die meisten kommen aus der Umgebung von Mönchengladbach, Neuss und Krefeld. Andere stammen aus dem Raum Aachen, Jülich, Köln, Bonn und der Eifel. Pfarreien aus der näheren Umgebung von Trier kennen eine Tradition von Tages- oder Nachtwallfahrten. Viele Gruppen gehen den Weg hin und zurück. Die Wallfahrten dauern zwischen vier und neun Tage. Da kommen leicht bis zu 300 km und mehr zusammen. Jede Wallfahrt hat ihr eigenes Gesicht und ihre eigene Tradition. Das gilt nicht nur für die Bruderschaften, die seit Jahrhunderten den Weg nach Trier gehen. Die nicht unerheblichen logistischen Probleme (Unterbringung unterwegs und in Trier, Beköstigung etc.) werden von regelrechten Experten aus den eigenen Reihen bearbeitet.

Die Erzbruderschaft als Zusammenschluss aller Wallfahrtsgruppen gliedert sich in fünf Bezirke: Eifel, Rur, Mittelrhein, Niederrhein und Schwalm-Niers. Man unterscheidet zwischen Bruderschaften und Pilgergruppen. Die ersteren bilden sich durch persönliche Mitgliedschaft, während die Pilgergruppen eine lose Verbindung von Pilgern um eine Kerngruppe darstellen. Mitpilgern dürfen – und das muss deutlich bleiben – alle, die sich dafür interessieren. Zweimal im Jahr besucht der Pilgerpfarrer die fünf Bezirke und trifft dort die Verantwortlichen (meistens Brudermeister genannt).

In jedem Jahr steht ein biblisches Wort über der Wallfahrt, das jeweils im Herbst vom Pilgerpfarrer auf den Bruderschaftstagen (Besinnungstag) der fünf Bezirke vorgestellt wird. In der Abtei finden das Jahr über verschiedene Treffen statt, zu denen diejenigen eingeladen werden, die in ihren Gruppen verantwortliche Aufgaben wahrnehmen, oder bei der geistlichen Vorbereitung der Wallfahrt engagiert sind. In den letzten Jahren haben sich in vielen Gruppen kleine Vorbereitungskreise gebildet, die die Wallfahrt geistlich vorbereiten und gestalten.

In Trier hat sich 1987 eine eigene Bruderschaft gebildet, die sich um die Bewirtung der Pilger in den Räumen des Pfarrzentrums kümmert. Neben dem Empfang der Pilger in der Basilika ist auch der Empfang zu Rast und Stärkung ein nicht unwesentliches Element der Wallfahrt. An die 50 Frauen und Männer nehmen sich dafür Zeit und engagieren sich in dieser durchaus anstrengenden Arbeit, die sie sich zur Ehrensache gemacht haben. Am Wochenende nach Christi Himmelfahrt sind es immerhin 1.200 Pilgerinnen und Pilger, die sich auf eine Bewirtung freuen. Planung und Durchführung des Empfangs der vielen Pilgergruppen erfordern eine gehörige Vorarbeit. Der Dank der Pilger für die erwiesene Gastfreundschaft zeigt, wie wichtig dieses Angebot ist.

Schon unterwegs erleben die Pilger ein herzliches Willkommen in Pfarreien und bei Quartiersleuten; und das oft über viele Jahre hinweg. Viele Pilger nutzen auch gerne die Angebote der Gastronomie in Trier. Ohnehin müssen die allermeisten in Pensionen und Hotels in Trier und Umgebung übernachten.

Füße kühlen am Brunnen

NEUE ENTWICKLUNGEN

Traditionen sind dann lebendig, wenn sie für Entwicklungen offen sind und sie ermöglichen. In den letzten Jahren haben sich verschiedene neue Wallfahrtsformen gebildet. Zwei davon seien kurz dargestellt.

Verschiedene Bruderschaften haben eigene Familienwallfahrten ins Leben gerufen. Deren Gestaltung wird ganz auf die Kinder abgestimmt. Wege und Gottesdienste werden entsprechend ausgesucht. So finden schon Kinder in das „Pilgern" hinein. Manchmal ziehen sie später ihre Freundinnen und Freunde mit.

Sehr hoffnungsvoll sind die Erfahrungen, die aktive Pilger in der Firmkatechese gemacht haben. Sie haben mit den Jugendlichen die Firmvorbereitung als Wallfahrt gestaltet. Alles, was einer guten Katechese dient, ist bei einer Wallfahrt reichlich gegeben: Echte Weggemeinschaft – im Gehen wird Gemeinschaft auf Augenhöhe möglich. Die „Höhenunterschiede" sind weg, alle müssen den Berg rauf.

Das Leben wird geteilt – Mühe, Anstrengung und Freude werden gemeinsam bewältigt und erlebt. Körperliche Herausforderungen öffnen das Innere, man lernt sich anders und neu kennen. Gespräch und Austausch werden auf dem Weg von alleine möglich, weil keine künstliche Laborsituation sie verordnet.

Das Beten ist kein Problem, es wird gebetet, man betet mit, wächst hinein, Schritt für Schritt. Die Frage: „Was machen wir jetzt?" stellt sich nicht, man ist auf dem Weg und muss weiter. Die Natur wird hautnah erlebt. Hitze und Regen verändern die eigene Befindlichkeit. Natur und Landschaft geben den Blick frei auf Gottes gute Schöpfung. Alle haben ein Ziel vor sich und wollen es erreichen. Das ist eine unschätzbare Erfahrung in jungen Jahren. Man lernt die eigenen Grenzen kennen und überwinden. Die Gemeinschaft trägt. Schließlich: Alle sind willkommen. Der Empfang in der Kirche ist ein tief symbolisches Erlebnis: Ich bin willkommen bei Gott. Der Weg hat mir gut getan. Weggemeinschaft prägt den weiteren Weg.

DIE WALLFAHRT – DER LEBENSWEG ALS GLAUBENSWEG

Das Interesse an der Pilgerbewegung ist – so zeigen es allein schon die Zahlen – weiterhin sehr lebendig. Immer mehr Menschen aller Generationen finden darin einen angemessenen Ausdruck ihres Glaubens. Im Gehen miteinander wollen sie ihren eigenen Lebensweg als Glaubensweg erfahren.

Viele Pilger berichten davon, dass das gemeinsame Unterwegssein mit Gleichgesinnten für sie ein Erlebnis von Glaubensgemeinschaft ist, das sie nicht missen möchten. Im normalen Alltag wird von gläubiger Weggemeinschaft, von Austausch und Mitteilen wenig spürbar.

Auf einer Wallfahrt aber kommen viele Erfahrensbereiche zusammen. Die Anstrengung, die Mühe und Freude, das gemeinsame Essen, Erholung und Ruhe, Beten und Schweigen verbinden sich in einer Weise miteinander, die zu einem sehr fruchtbaren Austausch im Glauben führt. All das trägt dazu bei, dass die tieferen Schichten des inneren Menschen für die Begegnung im Glauben geöffnet werden.

In der Erzählung von den Emmaus-Jüngern im Lukasevangelium wird diese Erfahrung angesprochen. Die Elemente dieser Erzählung sind ein kleiner Schlüssel zum Verständnis des Pilgerns. Zunächst einmal müssen sich Menschen auf den Weg machen. Das öffnet sie und schafft Bereitschaft für den Austausch dessen, was sie im Inneren bewegt. Langsam tasten sie

Jugendwallfahrt Büttgen 2008

sich aneinander heran und auch das kann zur Sprache kommen, was ihr Leben schwer macht. Sich aussprechen und aushalten können wird zu einer Voraussetzung für neue Sicht- und Verständnisweisen des Lebens.

In der biblischen Erzählung wird eindrucksvoll geschildert, wie Jesus verborgen mitgeht und den beiden Wanderern eine unerwartet neue Sicht ihres Lebens anbietet. Erst durch diese „erwanderte" Vorbereitung sind sie offen für den Erweis seiner Gegenwart, die sie im gemeinsamen Mahl erleben. Miteinander gehen, so sagt die Bibel, wird zu einer unverzichtbaren Voraussetzung für die neue Erfahrung, die von Gott geschenkt wird. Glaube wächst auf dem Weg. Auf einem mehrtägigen Pilgerweg kann das Gespür dafür neu bewusst werden.

In der Emmaus-Geschichte wird ein Thema ausgeführt, das überall im Alten und Neuen Testament anzutreffen ist: GLAUBE ALS WEG.

Glauben, so bezeugt die Bibel, kann als schrittweises Hineinwachsen in die Sicht des eigenen Lebens als eines Weges mit Gott verstanden werden. Davon spricht die große Erzählung von Abraham, jenem ersten Glaubenden, der sich auf den langen Weg in ein unbekanntes Land machen muss.

Davon erzählt auch die Geschichte des pilgernden Gottesvolkes, das durch 40 Jahre hindurch einen mühevollen Weg in das verheißene Land machen musste. Immer wieder sprechen auch die Propheten dieses Motiv an und sie verkünden den Gott, der auf jene Menschen wartet, die umkehren und sich ihm zuwenden.

Der Glaube umgreift auch den Umweg und die Verirrung; und er ist Einladung zu neuen Schritten. Der Weg des Lebens ist dabei ein Lernweg, auf dem die immer gesprochene Einladung, von Neuem zu beginnen, gehört werden kann. Diese Sicht von Glauben bewahrt vor der weitverbreiteten Ansicht, beim Glauben gehe es um eine verstandesmäßige Bewältigung von Lehrsätzen. Die vielgestaltige Kommunikation auf einer Wallfahrt hilft mit, den eigenen Lebenssinn zu erspüren.

Menschen können tiefer zu sich selbst und zueinander finden. Die Verkrustungen des Alltags werden aufgebrochen. Oft wird erst im Nachhinein deutlich, was sich im Inneren ereignet hat. Man könnte von einer „Wallfahrt nach der Wallfahrt" sprechen. Die Erlebnisse, die Gespräche, die neuen Erfahrungen, all das wirkt nach und beschäftigt die Pilger noch lange.

So kann die Erfahrung des Pilgerns verändernd und ermutigend in den Alltag hineinwirken. Die gemeinsamen Tage, die Bewältigung der Anforderungen, das Aushalten der Strapazen, das Erlebnis der Freude und die Wahrnehmung der inneren Bewegungen machen die Verbindung von Leben und Glauben neu spürbar. Die oft beklagte Kopflastigkeit hat hier keine Chance. Grenzen und Möglichkeiten der eigenen Leiblichkeit

verhelfen zu tieferem Hinhören. Die Worte der biblischen Botschaft und das gemeinsame Beten erreichen den ganzen Menschen. So kann der Pilgerweg zu einer heilsamen Kontrasterfahrung werden. Eine Wallfahrt kann Menschen helfen, ihren Lebensweg als Glaubensweg deuten zu können. Die auf dem gemeinsamen Weg entstehenden Beziehungen erweisen sich auch das Jahr über als Lebens- und Glaubenshilfe. So wird die Wallfahrt nicht zu einem isolierten Sonderfall im Glaubensleben.

GEMEINSAM PILGERN

Wallfahrten sind Gemeinschaftserfahrungen. Sie führen Menschen zusammen und helfen, Isolierungen zu überwinden. Gemeinsames Suchen und gemeinsames Erleben werden zur Stütze für alle. Gerade heute erleben Menschen oft schmerzhaft, wie selten der Glaube gemeinsam erlebt werden kann. Das Zusammensein über mehrere Tage erschließt hier neue Erfahrungen, die in den alltäglichen Glauben einwirken. Nicht nur die geschichtlich gewachsenen Bruderschaften, sondern auch die neu entstandenen Gruppen zeigen starke Zusammengehörigkeit. Gruppen dieser Art bieten eine lebendige Erfahrung von Kirche und sind ein Lebensraum, der auch starken Belastungen standhält.

Von daher ist es fast selbstverständlich, dass diese Gruppen in ihrem heimatlichen Umfeld als mittragende Kräfte wirken, sei es in den Pfarrgemeinden oder anderen kirchlichen Diensten. Manchmal ist es die Gruppe als Ganzes, anderswo sind es Einzelne, die ihre Erfahrung in den Dienst der anderen stellen. Auch dadurch wird sichtbar, dass Wallfahrt Ausdruck von Kirchesein ist und keineswegs nur auf die fromme Erbauung des Einzelnen ausgerichtet ist.

Auf dem Vorplatz der Abtei St. Matthias

DAS ZIEL UND DIE MOTIVE

Stand früher deutlicher die Verehrung des Apostels im Vordergrund, so treten derzeit noch eine Reihe anderer Beweggründe hinzu. Ganz unterschiedlich sind die Motive der Einzelnen: Dankbarkeit oder ein wichtiges Anliegen führen Menschen auf diesen Weg. Immer deutlicher prägt der Dienst der Fürbitte die Gebete der Wallfahrt. Und alles verbindet sich zur Anerkennung und zum Lob Gottes. Für die meisten Pilger bedeuten die Tage der Wallfahrt: Zeit zum Innehalten, Zeit des Gebetes, Zeit der Gottesbegegnung, Zeit der intensiven geschwisterlichen Gemeinschaft mit ganz unterschiedlichen Menschen. Der ganze Weg wird wie ein „Zuhause".

Wenn die Pilger nach langem Weg in die Basilika einziehen, läuten ihnen Glocken entgegen. Sie ziehen durch das offene Portal, und spätestens, wenn die Orgel das „Großer Gott, wir loben dich" anstimmt, kann der Kopf nichts mehr steuern, das Herz übernimmt die Regie. Alle spüren: Wir sind willkommen und wir dürfen ankommen. Nach einer kurzen Begrüßung folgt eine Zeit der Stille. Das Herz will ankommen, wo die Füße schon sind. Gottesdienste, Meditationen und viel persönliches Gebet. Übrigens: Die arg strapazierten Füße beten noch einige Tage weiter und trotz aller Beschwerden wächst langsam die Vorfreude auf die nächste Wallfahrt.

Die Gestalt des Apostels Matthias wird zu einem Beispiel für Menschen, die „dabei sein" möchten. In der kurzen Notiz der Apostelgeschichte wird als Voraussetzung für die Wahl des Matthias angegeben, dass er „von Anfang an dabei war, als Jesus bei uns ein und aus ging". Eine Wallfahrt lässt die Pilger „dabei sein", und sie spüren, was es heißt, „Wo zwei oder drei in meinem Namen versammelt sind, da bin ich mitten unter ihnen". Weg und Ziel verschmelzen und werden zu einem Zeichen der Nachfolge.

Eingangsportal

Jakobusstatue, Vereinigte Hospitien

Dr. Markus Nicolay, Sekretär der St. Jakobusbruderschaft
Trier und Pfarrer in Trier-Ehrang

AUF JAKOBUS' PFADEN
Trier und der Pilgerweg nach Santiago de Compostela

Wer die alte Römerstadt Trier mit wachen Augen besucht, wird sie überall entdecken: die gelbe Muschel auf blauem Grund, die stilisierte Jakobsmuschel in den Farben der Europaflagge, die europaweit die Pilgerwege nach Santiago zeichnet. Gleich zwei dieser ausgeschilderten Wege finden in Trier, genauer im flussabwärts gelegenen Stadtteil Biewer, zusammen. Der eine von Köln über die Eifel kommend und der andere, als so genannter „Moselcamino" von Koblenz kommend, dem Flusslauf folgend. Hinter Trier geht es weiter moselaufwärts in Richtung Metz. Das Zeichen der Muschel macht klar, dass man sich hier und jetzt auf einem Abschnitt jenes ausgedehnten Wegenetzes befindet, das ganz Europa wie ein Geflecht durchzieht und das immer gen Westen weist, nur ein Ziel kennend: die Kathedrale im galicischen Santiago de Compostela, im äußersten Westzipfel Kontinentaleuropas, am Ende der Welt, wie man früher sagte – von Trier exakt 2000 Autobahnkilometer entfernt.

Genauer gesagt ist das Ziel der Pilgerfahrt aber nicht eigentlich die Kathedrale von Santiago, sondern das Grab des Apostels Jakobus in der Krypta dieser Kirche. Der Apostel Jakobus, dessen Fest die Kirche am 25. Juli feiert, ist es auch, der der Stadt und den Pilgerwegen dorthin seinen Namen aufgeprägt hat: Santiago, Camino de Santiago, Chemin St. Jacques,

Jakobuspilgerweg, Jakobsweg. Auch die Pilger, die sich auf dem Weg nach Santiago befinden, haben den Namen ihres Schutzpatrons übernommen: Jakobspilger.

Bis hinein in unsere Umgangssprache finden sich Spuren dieser Prägung. Wenn man sagt: „Das ist nicht der wahre Jakob", meinte man damit ursprünglich den, der nur vorgab, auf Pilgerfahrt zu sein, in Wirklichkeit aber die Privilegien des Pilgerstatus schamlos ausnutzte. Ein leider nicht nur mittelalterliches Phänomen! Und was wäre eine Kölner Kneipe ohne den Köbes. Im Mittelalter waren dies junge Männer, die auf der Wallfahrt nach Santiago waren und sich unterwegs ihre Reisekasse mit Handlangerarbeiten aufbesserten, z.B. mit dem Schleppen von Bierfässern und dem Aufwarten in Schankstuben. Die Leute im Rheinland nannten sie nach ihrem Schutzpatron die „Jaköbchen" – „Köbes".

Die Muschel zeigt den Jakobuspilgern den Weg

Der Umstand, dass die Pilgerfahrt nach Santiago Eingang in die deutsche Umgangssprache gefunden hat, belegt, dass es sich dabei im Mittelalter um kein Randphänomen gehandelt haben kann. Und in der Tat kann man sagen: Zu ihren Blütezeiten war halb Europa auf Pilgerfahrt. Man schätzt für das 12.–14. Jahrhundert etwa eine halbe Million Jakobspilger, die sich Jahr für Jahr auf den Weg machten. Bei einer Gesamtbevölkerung Europas von 40 bis 70 Millionen tatsächlich eine gesellschaftliche Massenbewegung. Hinzu kamen noch die Pilgerfahrten zu den älteren und eigentlich bedeutenderen, aber aus verschiedenen Gründen nicht mehr so populären Pilgerzielen Rom und Jerusalem. Im späten Mittelalter und gründlich seit Beginn der Neuzeit gerieten dann aber alle Fernwallfahrten, auch die nach Santiago, zunehmend in Verfall.

DES PILGERS UNVERHOFFTE WIEDERKEHR

Seit einigen Jahren kommen sie wieder, die Jakobspilger. Eine gänzlich unerwartete Entwicklung, die Europa und speziell Deutschland auch schon vor dem Erscheinen des Buches von Hape Kerkeling im Jahr 2006 erfasst hatte. Auf den vielen Pilgerstraßen in Deutschland und im nordöstlichen Frankreich fallen die Pilger zunächst noch nicht weiter auf, sind sie doch in der Regel – im Unterschied zu den Matthiaspilgern – einzeln oder höchstens in kleinen Gruppen unterwegs. Erst wenn in den französischen Städten Tours, Vézelay, Le Puy und Arles die vier Hauptwege beginnen, fließen die Rinnsale allmählich zu Bächen zusammen, um sich dann jenseits der Pyrenäen in Puente la Reina zum großen Strom des „Camino Francés" zu vereinen. In der „Hochsaison" der Pilger, im Juli und August, kann sich dieser Weg in eine wahre „Ameisenstraße" verwandeln: Pilger, soweit das Auge reicht. Wurden im Jahr 1990 in Santiago 5.000 ankommende Pilger registriert, wobei hier nur diejenigen gezählt werden, die zu Fuß, mit dem Fahrrad oder mit dem Pferd unterwegs sind, so kamen im Jahr 2008 schon 125.000. Und ein Ende der Entwicklung ist nicht abzusehen. Die meisten Pilger stammen aus Spanien selbst, die Deutschen stellen inzwischen die zweitgrößte Gruppe und haben den Italienern damit vor zwei Jahren den Rang abgelaufen. Hier zeigt er sich dann wohl doch, der deutsche „Hape-Kerkeling-Pilger-Boom".

JAKOBUS UND DER JAKOBSWEG – EIN KURZER HISTORISCHER RÜCKBLICK

Zusammen mit seinem Bruder Johannes gehört Jakobus neben Andreas und Simon Petrus zu den erstberufenen Jüngern Jesu (Mt 4, 21; Lk 5, 10). Jakobus ist zusammen mit Petrus und Johannes auf dem Berg der Verklärung (Mt 26, 37), als Jesus mit Elija und Mose spricht und auch im Garten Getsemani (Mt 17, 1). Jakobus und Johannes erhalten von Jesus wegen ihrer ungestümen Wesensart den aramäischen Beinamen *Boanerges*, was Donnersöhne bedeutet (Mk 3, 17; vgl. Lk 9, 54). Nach der Auferstehung befindet sich Jakobus mit den anderen Aposteln in Jerusalem (Apg 1, 13). Als erster der Apostel erleidet Jakobus während der Herrschaft des Herodes Agrippa I. (41-44 n. Chr.) das Martyrium (Apg 12, 1f).

Nach einer für die Jakobusverehrung in Santiago de Compostela grundlegenden Überlieferung übergaben seine Jünger den Leichnam des Apostels nach der Enthauptung einem Schiff ohne Besatzung, das später in Galicien im Nordwesten Spaniens anlandete. Helfer setzten ihn weiter im Landesinneren,

im heutigen Santiago, bei. Dann geriet das Grab in Vergessenheit. Der historische Nachweis dieser Überlieferung ist bisher nicht gelungen. Sicher ist jedoch, dass nach der „Wiederentdeckung" des Grabes im 9. Jahrhundert darüber eine Kapelle, später eine Kirche und schließlich die Kathedrale errichtet wurden, um die herum sich der Pilgerort Santiago de Compostela entwickelte.

Seit dem späten 9. Jahrhundert wurde dem Apostel, der sich zum spanischen Nationalheiligen entwickelte, zunehmend auch eine militärische Funktion zugeschrieben. König Alfons III. von Asturien (866–910) führte seine Siege auf das Eingreifen des Heiligen zurück. Aber nicht nur für das christliche Spanien war Jakobus bedeutsam. Die Reliefs auf dem Karlsschrein

Kanzelrelief, Dom

Pilgerkarte von 1648

in Aachen zeigen, wie eine funkelnde Milchstraße Karl dem
Großen im Traum den Weg nach Santiago weist. Diese Vision
führte nach einer Deutung auch zur Bezeichnung der Pilger-
straße als „Sternenweg". Der Spanienfeldzug Karls (mit der
später im Rolandslied episch ausgestalteten Niederlage seiner
Nachhut bei Roncesvalles) diente so der Befreiung des „Ster-
nenwegs" von den Mauren. Jakobus „Matamoros", der Mau-
rentöter, wurde zur spirituellen Symbolfigur der Reconquista,
der christlichen Rückeroberung des islamischen Spanien, die
sich bald mit der Kreuzzugsbewegung verband.

TRIER AM JAKOBSWEG

Allein aus der geographischen Lage und den Verkehrswegen
der Stadt, die heute wie vor 1.000 Jahren vor allem westwärts
orientiert sind, kann man schließen, dass es für einen mittelalterlichen Jakobuspilger aus dem Reich schwer gewesen sein
dürfte, Trier zu umgehen. Hinzu kam (und kommt) die geistliche Bedeutung der ältesten Bischofsstadt auf deutschem Boden, die mit dem Heiligen Rock und dem Grab des Apostels
Matthias neben Köln und Aachen zu den Hauptpilgerzielen
des Rheinlandes gehörte, „im Rang etwa vergleichbar mit Vézelay". Und kein echter Pilger ließ und lässt die Heiligtümer
am Wegesrand unbeachtet.

Trier ist noch heute voll von unmittelbaren und mittelbaren
Zeugnissen dieser mittelalterlichen Pilgertradition. Der Heilige
Jakobus (nicht der Heilige Matthias!) steht neben Petrus, Pau-
lus und Helena als einer der vier Heiligen an der Steipe am
Hauptmarkt. Diese Statue wurde von der ältesten der drei Trie-
rer Jakobusbruderschaften gestiftet, deren Existenz sich bis ins
Jahr 1239 zurückverfolgen lässt. Ihre Mitglieder waren ange-
sehene und wohlhabende Bürger der Stadt.

St. Jakobus an der Steipe in Trier

Straßenschild in Trier

Diese Bruderschaft war eng mit dem Jakobusspital verbunden, das sich um die Pilger auf ihren Wegen nach Santiago oder nach Rom kümmerte und das urkundlich bis ins Jahr 1185 nachzuweisen ist. Auch wenn sich die Aufgabe dieses Spitals im Laufe der Jahrhunderte mehr und mehr zugunsten der Armen- und Altenfürsorge verschob, erfahren wir für das 15. und 16. Jahrhundert, dass dort jährlich bis zu 900, später noch an die 400 „Jakobsbrüder" verpflegt wurden. Sogar noch für das 18. Jahrhundert ist aus einer alten Hausordnung zu erfahren, dass Pilger auf dem Weg nach Rom dort für eine Nacht, auf dem Rückweg für zwei Nächte unentgeltlich beherbergt und verköstigt werden müssen. Für Jakobuspilger waren wegen des längeren Weges zwei Nächte auf dem Hin- und drei Nächte auf dem Rückweg vorgesehen.

Von diesem Jakobusspital zeugen heute noch die Straße „Jakobsspitälchen" in der Fußgängerzone sowie bauliche Reste der Spitalskirche in der Galerie Kaschenbach in der Fleischstraße. Das Jakobusspital ging im Zuge der Säkularisation in den Vereinigten Hospitien auf, die den Heiligen Jakobus bis heute als Emblem führen. Er ziert daher auch die Weinflaschen des dazugehörigen Weingutes und wacht als Bronzestatue am Eingangstor des Gutes. Eine überlebensgroße barocke Jakobusfigur im Altarraum der zugehörigen Kirche St. Irminen hält die Erinnerung an das alte Jakobusspital ebenso wach wie ein

Bildnis an der Domkanzel, die insgesamt die Werke der Barmherzigkeit zeigt. Für das Werk „Fremde beherbergen" ist ein Pilger mit den typischen Insignien Muschel, Stab und Trinkgefäß dargestellt, der in Trier um Aufnahme bittet und diese auch erhält.

DIE ST. JAKOBUSBRUDERSCHAFT TRIER

In der Tradition dieser Bruderschaft, die in der Säkularisation an der Wende vom 18. zum 19. Jahrhundert untergegangen ist, wurde im Jahr 2003 die St. Jakobusbruderschaft Trier neu gegründet. Aus einer kleinen Gruppe von 10 Begeisterten sind in nur wenigen Jahren 240 Mitglieder geworden, die sich, heute wie damals, der Betreuung und Begleitung der Pilger verschrieben haben.

Ob aber auch in der Gegenwart wieder, wie im Mittelalter, Pilger auf ihren Wegen nach Santiago, nach Rom und nach Jerusalem durch Trier ziehen, konnte zunächst nur vermutet werden. Trotzdem wurde recht schnell eine umfassende Infrastruktur geschaffen. Bereits im Frühjahr 2004 konnte das, in dieser Weise bundesweit einzigartige, Pilgerbüro in direkter Nachbarschaft des Trierer Doms eröffnet werden. In Kooperation mit dem dortigen Dominformationszentrum, kurz der „Dom-Information", erhalten Pilger hier auf Wunsch den Pilgerausweis, das so genannte Credenciale, ausgestellt, mit dem sie sich unterwegs als Pilger legitimieren können, Zugang zu den Herbergen erhalten und, am Ziel angekommen, die Urkunde erhalten, die die unternommene Wallfahrt „kirchenamtlich" bestätigt. Einmalig in Deutschland bietet das Trierer Pilgerbüro entsprechende Ausweise für Rompilger und neuerdings auch für die

Jakobus, St. Irminen

JAKOBUSLIED
der St. Jakobusbruderschaft Trier

Sankt Jakobus, großer Jünger
Zierde der Apostelschar,
gabst als erster für den Meister
glaubensfroh dein Leben dar.
Höre uns, die dir befohlen,
wie die Väter dir vertraun:
Hilf uns in den Erdenkämpfen
gläubig auf den Herrn zu schaun.

Auf dem Berg wardst du gewürdigt,
den verklärten Herrn zu sehn;
warst bereit, den Kelch zu trinken,
leidend Christus nachzugehn.
Höre uns, die dir befohlen:
Wenn des Lebens Stürme drohn,
lehr uns hoffen und vertraun
auf den Herrn und Gottessohn.

Großes Vorbild aller Pilger
hier in diesem Erdental,
hast schon früh das Ziel erreichet,
thronest jetzt im Himmelssaal.
Höre uns, die dir befohlen:
Führ an deiner starken Hand
durch des Lebens Kampf und Müh
uns dereinst ins Vaterland.

Nikolaus Föhr, Domkapitular em. (2004)
Melodie: O ihr großen Kirchensäulen
Gotteslob, Ausgabe für das Bistum Trier, Nr. 878

wachsende Zahl der Jerusalempilger an. Weitere Dienstleistungen im Pilgerbüro sind die Vermittlung von Privatquartieren, Hilfe bei der Streckenplanung in Richtung Frankreich und das Anbringen des Etappenstempels der Trierer Bruderschaft in schon vorhandenen Pilgerausweisen. Vervollständigt wird das Angebot durch eine Auswahl an entsprechender Literatur und Pilgerutensilien.

Sozusagen als virtuelles Pendant zum Pilgerbüro in Trier fungiert die Homepage der St. Jakobusbruderschaft Trier (www.sjb-trier.de), die eine Fülle von Informationen bereithält und über die ebenfalls der Pilgerausweis bestellt werden kann. Insgesamt wurden im Jahr 2008 rund 1700 Pilgerausweise von der St. Jakobusbruderschaft Trier ausgestellt.

Neben den permanenten Diensten des Pilgerbüros und der Homepage bietet die Bruderschaft an jedem letzten Freitag eines ungeraden Monats einen sog. „Jakobusabend" an, eine Gebets- und Kommunikationsplattform für alle Pilger und sol-

che, die es werden wollen. Begonnen werden diese Abende jeweils um 18 Uhr mit der Heiligen Messe in der Marktkirche St. Gangolf, an deren Ende für alle, die in den folgenden Wochen zu einer Pilgerfahrt aufbrechen, ein individueller Pilgersegen erteilt wird. Es folgt der Informationsteil im Pfarrheim Liebfrauen, an dem die neuste Literatur vorgestellt und die Fragen der künftigen Pilger von anwesenden Fachleuten beantwortet werden. Ein Büchertisch und die Möglichkeit zur Ausweisbeantragung ergänzen das Angebot, das jeweils von 50-70 Interessierten besucht wird.

DER MODERNE PILGER

Was sind das für Menschen, die sich – zum Teil für mehrere Wochen – auf einen Weg quer durch Europa (zu Fuß ab Trier ca. 100 Tage) oder wenigstens quer durch Spanien (ca. 30 Tage) machen? Über staubige Landstraßen und schmale Trampelpfade, durch strömenden Regen und brütende Hitze, durch die endlose Ödnis der kastilischen Hochebene, der Meseta und über wenigstens drei Gebirgspässe. Was ist so reizvoll an Füßen voller Blasen, geschwollenen Kniegelenken und dem Übernachten in Gemeinschaftsquartieren auf dem Niveau deutscher Jugendherbergen vor 30 Jahren? Ist es Abenteuerlust, die Suche nach dem letzten Kick? Ist es die neuste Variante von Erlebnis-Tourismus oder die sportliche Herausforderung? Sicher etwas von all dem! Aber das allein kann es nicht sein.

Über die Pilger, die die Dienste der St. Jakobusbruderschaft Trier in Anspruch nehmen, wissen wir inzwischen einiges. Zumindest diejenigen, die einen Ausweis beantragen, füllen einen anonymisierten Fragebogen aus. Aus deren Auswertung für das Jahr 2005 stammen die folgenden Daten: Es sind etwas mehr Männer als Frauen (56%/44%), alle Altersgruppen sind vertreten, der jüngste ist 14 Jahre alt, der älteste 70. Das Altersmittel liegt in der 6. Lebensdekade. 82% der Pilger sind katholisch, 11% evangelisch und 7% geben an, ohne Konfession zu sein. Als Grund für ihre Wallfahrt geben 17% rein religiöse Motive an, 54% religiös-kulturelle, 13% rein kulturelle und 16% geben an, sportlich bewegt zu sein. Rund drei Viertel pilgern zu Fuß, ein Viertel wählt das Fahrrad als Fortbewegungsmittel. Eine jüngst am Lehrstuhl für Psychologie der Universität Trier in Zusammenarbeit mit der St. Jakobusbruderschaft Trier erstellte und noch unveröffentlichte Studie zur Zufriedenheitsforschung kam zu dem Ergebnis, dass das Pilgern zu einer Verbesserung des subjektiven Wohlbefindens und zu positiv erlebten Veränderungen in bestimmten Lebensbereichen führt.

Die Mehrheit der Pilger, mit denen wir es in Trier zu tun haben, sind Menschen, die sich selbst als Christen bezeichnen würden, Kirchensteuer zahlen, aber in einer wohlwollenden „Halbdistanz" zum Glauben, zur Kirche und zur Gemeinde vor Ort leben. Diese Menschen ergreifen im Pilgerdasein die Möglichkeit, ihren Glauben in einer Weise zu praktizieren, der ihrer gegenwärtigen Verfassung mehr entspricht, als es ein regelmäßiger Gottesdienstbesuch am Sonntag und das Engagement in einer Gemeinde wären. Dabei wird die Zeit auf Pilgerschaft durchaus als „religiöse Intensivzeit" gestaltet. Viele besuchen auf dem Weg regelmäßig, teilweise sogar täglich, einen Gottesdienst, beten unterwegs und sind dankbar für das Angebot geeigneter Gebets- und Betrachtungsimpulse. Das Herausgenommen-Sein aus den Zusammenhängen des Alltags, die oft imposanten Landschaften, der Kontakt mit Menschen unterwegs, die ihnen meist freundlich, manchmal aber auch fremd begegnen, das Erleben der eigenen physischen

Beim Pilgern

und psychischen Grenzen, die vielen Stunden der Einsamkeit und des Schweigens, die „Entschleunigung" der Zeit auf dem langen Weg – das und vieles mehr deuten diese Pilger – auch religiös. Sie spüren, dass das Pilgern sie „rau" macht, sensibel für eine Dimension des Lebens, die sonst nicht so im Vordergrund steht. Vor allem aber, dass bei ihnen auch innerlich einiges „in Bewegung" gerät. Kaum jemand kehrt „unbewegt" aus Santiago zurück.

Beim Pilgern handelt es sich um ein Motiv, das tief in den biblischen Traditionen des Alten und des Neuen Testamentes wurzelt. Angefangen mit Abraham haben sich immer wieder Glaubende auf Pilgerschaft begeben, entweder von Gott geheißen oder ihn suchend. Unter den Bedingungen der Moderne scheint der Gott-Suche eine besondere Bedeutung zuzukommen. Was in früheren Zeiten vielleicht nur für Mönche und Mystiker galt, betrifft heute viele Christen: Gott ist nicht der

Selbstverständliche und der Gewisse, der eine scheinbar fest eingeplante Größe im Leben der Menschen darstellt. Er wird der Verkündigung der Kirche auch nicht mehr einfach „geglaubt". Gott ist vielmehr der „Zu-Suchende". Der sich auf der Suche nach Sinn befindende Mensch ist aus gläubiger Perspektive *implizit* ein Gott-Suchender.

„Meine Erkenntnis des Tages kann ich erst morgen formulieren. Denn eigentlich ist sie unsagbar. Ich habe Gott getroffen!", vermerkt sehr diskret der Pilger Hape Kerkeling bei seiner Ankunft in Astorga. Und am nächsten Tag: „Eigentlich ist mein Camino hier beendet, denn meine Frage ist eindeutig beantwortet. Ab jetzt kann der Weg mir eigentlich nur noch Freude bereiten." So wie ihm geht es vielen … deshalb kommen sie wieder, die Pilger.

Wegbeschreibung an der Kirche St. Jakobus in Trier-Biewer

LITERATUR ZUM THEMA

Zur Geschichte des Jakobsweges allgemein:

Plötz, Robert: *Europäische Wege der Santiago-Pilgerfahrt*, Tübingen 2/1993.

Herbers, Klaus und Plötz, Robert: *Die Straß zu Sankt Jakob – Der älteste deutsche Pilgerführer nach Compostela*, Ostfildern 2004.

Zur Jakobusverehrung im Trierer Land und zum Jakobusspital in Trier:

Schneider, Bernhard: *Jakobusverehrung im Trierer Land,* in: Sankt Jakobus Bruderschaft Düsseldorf: Die Kalebasse 27 2000, 25–40.

Laufner, Richard: *Das Trierer Bürgerhospital St. Jakob,* in: Cüppers, Heinz u.a.: Die Vereinigten Hospitien von Trier, Trier 1980, 54–58.

Pilgerführer für den Jakobsweg, die Trier tangieren

Töpner, Walter: *Wege der Jakobspilger – Rheinland, Eifel, Lothringen Burgund*, Trier 2/2005.

Heusch-Altenstein, Annette u.a. Von Köln nach Trier: *In 13 Etappen von Köln und Bonn über Trier nach Perl/Schengen am Dreiländereck von Deutschland, Luxemburg und Frankreich*, Köln 2/2007.

Schäfer, Karl-Josef und Welter, Wolfgang: *Ein Jakobsweg von Koblenz-Stolzenfels nach Trier: Der Pilgerwanderführer für den Mosel-Camino*, Norderstedt 2007.

Rother, Norbert: *Deutschland Frankreich: Jakobsweg Trier-Vézelay*, Welver 2009.

Retterath, Ingrid: *Deutschland Frankreich: Jakobsweg Trier – Le Puy*, Welver 2009.